D1629208

Ingo Laqua

Lean Administration

Das Ergebnis zählt

Der Weg zu nachhaltig schlanken Prozessen
auf den Teppichetagen

LOG_X

Bibliografische Information der Deutschen Bibliothek

Die Deutsche Bibliothek verzeichnet diese Publikation in der Deutschen Nationalbibliografie. Detaillierte bibliografische Daten sind im Internet abrufbar unter http://dnb.ddb.de

ISBN 978-3-932298-45-5

Umschlag und Satz:	Fotosatz Sauter, Donzdorf
Druck und Buchbindung:	Gebr. Knoeller, Stuttgart

Die Inhalte auf einen Blick

Die Inhalte im Detail

Kapitel 3
Prozesse abgrenzen
Die administrativen Prozesse im Industriebetrieb

Kapitel 4
Die Voraussetzungen schaffen
Das Konzept zur Wirkung bringen

Kapitel 5
Lean Administration erfolgreich anwenden
Methoden müssen wirken – nicht modern sein!

Kapitel 6
Nicht zwingen. Überzeugen.
Die Mitarbeiter abholen

Vorwort

Mit halbherzigen Ansätzen versuchen viele Unternehmen des produzierenden Gewerbes dem immer stärker werdenden Kostendruck Herr zu werden. Ein rein auf die Kostenposition ausgerichtetes Konzept wird jedoch alleine schon wegen des nach wie vor unterschiedlichen Lohngefüges im globalen Wettbewerb nur wenige Chancen auf Erfolg haben. Die Antwort auf diese Herausforderung muss vielmehr zwei Aspekte berücksichtigen: Einerseits muss ein Unternehmen in der Lage sein, mit innovativen Produkten und Technologien die Konkurrenz auf Distanz zu halten, andererseits muss aus dem operativen Geschäft eine Marge erwirtschaftet werden, mit der die notwendigen Innovationen finanziert werden können.

Vor diesem Hintergrund empfiehlt sich ein ganzheitlicher Ansatz, mit dem die Schlagkraft der administrativen Bereiche, einschließlich Entwicklung und Konstruktion, erhöht und die Gemeinkosten dennoch nachhaltig reduziert werden. Lean Administration birgt dieses Potenzial und ist im heutigen Industriebetrieb alternativlos. Richtig angewandt versetzt Lean Administration ein Unternehmen in die Lage, schneller, flexibler und effizienter auf sich permanent ändernde Markt- und Kundenanforderungen zu reagieren. ‚Richtig angewandt' heißt, sich davon zu lösen, Lean Administration als ‚Kampagne' für Bleistift-Kanban oder Büro aufräumen zu sehen. Es geht um ein Führungsprinzip, um einen ganzheitlichen Ansatz, der der fundamentalen Logik des Industriebetriebes folgt, bestehende Strukturen hinterfragt und Unternehmensprozesse optimiert. Es geht aber vor allem um die Mitarbeiter, die dazu befähigt werden, ‚Ergebnisse zu erzeugen' anstatt ‚beschäftigt zu sein'. Denn wie sagte schon Alfred Herrhausen: „Wirtschaft ist eine Veranstaltung von Menschen, nicht von Computern".

Diesen ganzheitlichen Ansatz beschreibt das vorliegende Buch. Neben dem sinnvoller Weise anzuwendenden Vorgehen bei der Einführung von Lean Administration und den strukturellen Rahmenbedingungen werden die Methoden vorgestellt, mit denen Prozesse in Vertrieb, Konstruktion oder Einkauf optimiert werden. Getreu dem Motto ‚Erlaubt ist, was wirkt', werden auch Methoden aus der ‚Prä-Lean'-Historie undogmatisch integriert, da diese heute immer noch ihre Relevanz haben.

Dieses Buch ist die Essenz aus 25 Jahren Erfahrung auf den Gebieten der Organisationsentwicklung und Prozessoptimierung in produzierenden Unternehmen. Oder anders gesagt: Es beschreibt die um den Erfahrungsschatz aus zahlreichen Projekten, Seminaren und Arbeitskreisen zum Thema Lean Administration bereicherte Unternehmensphilosophie der CIM Aachen GmbH. Hieraus resultieren eine Vielzahl von Praxisbeispielen, die zeigen, wie die Erfolgreichen vorgehen – und welche Fehler die weniger Erfolgreichen machen. Von beiden kann man lernen.

Nur wer selbst an einem Buch mitgewirkt hat, kann ermessen, welche Mühe es macht, die ersten Ideen und Notizen in eine publikationsreife Form zu bringen und den roten Faden in einen umfangreichen Erfahrungsschatz zu legen. Denn viele Zitate, Praxisbeispiele und Formulierungen stammen direkt aus der praktischen Arbeit der CIM Aachen GmbH. Insofern haben alle aktiven und ehemaligen Mitarbeiter zu der Entstehung dieses Buches beigetragen. Nicht zuletzt dadurch, dass sie mir durch erfolgreiche Projektarbeit den Rücken frei gehalten haben, um mich dem Projekt „Lean Administration – Das Ergebnis zählt" zu widmen.

Besonderer Dank gilt aber meinem Geschäftsführerkollegen Dr. Götz Marczinski, der die Manuskriptentstehung als kompetenter Diskussionspartner begleitet und als ‚erster kritischer Leser' wertvolle Anregungen geliefert hat.

Der Ansatz, Wertschöpfung über die Wertschätzung der administrativen Produkte durch den Kunden zu definieren, ist so in der einschlägigen Fachliteratur kaum bekannt. Viel Sorgfalt wurde auch auf eine systematische Betrachtung der notwendigen Voraussetzungen verwendet. Bisher eher stiefmütterlich behandelt, rücken sie als Komplexitätstreiber der administrativen Prozesse ins Zentrum des Interesses. Denn nicht der Weg ist das Ziel, sondern das Ziel ist das Ziel – nachhaltig schlanke Prozesse auf den Teppichetagen.

Aachen im Januar 2012

Ingo Laqua

Geleitwort

Die Globalisierung, sich ändernde Märkte und veränderte ökologische Rahmenbedingungen zwingen produzierende Unternehmen, ihre bisherigen Strukturen zu überdenken. Die Wandlung zum Käufermarkt hat in nahezu allen Bereichen des industriellen Gewerbes dazu geführt, dass Unternehmen darauf angewiesen sind, schneller, flexibler und zu wettbewerbsfähigen Preisen der Konkurrenz gegenüberzutreten. Gleichzeitig belasten stetig steigende Rohstoffkosten und Ausgaben für zusätzliche gesetzliche Auflagen die Ertragssituation, so dass es zum konsequenten Handeln heute überhaupt keine Alternative mehr gibt.

Die Potenziale, die im Unternehmen zweifelsohne vorhanden sind, rücken also immer mehr in den Vordergrund. In der Produktion wurde in der Vergangenheit eine Vielzahl von Maßnahmen mehr oder weniger erfolgreich umgesetzt, um die Herstellkosten als vermeintlichen Kostentreiber so weit wie möglich in den Griff zu bekommen. Da die Materialseite aber größtenteils extern beeinflusst wird und die Fertigungskosten häufig schon mit dem dritten Produktivitätsprogramm optimiert wurden, sind viele Unternehmen auf der Suche nach weiteren, vielversprechenden Optimierungsansätzen. Und da fällt das Augenmerk schnell auf die Gemeinkostenbereiche. Welcher Unternehmer hat nicht schon daran gedacht, dass in Abteilungen wie Vertrieb, Konstruktion oder Arbeitsvorbereitung effizienter gearbeitet werden könnte, ohne genau zu wissen, was konkret seinen Verdacht auslöst. Im Zweifelsfall ist dies der externe Kunde, der sich über lange Durchlaufzeiten bei der Angebotserstellung und fehlerhafte Auftragsbestätigungen beschwert. Oder er zahlt einfach nicht, weil zwar die bestellte Anlage geliefert wurde, nicht aber die technische Dokumentation. Jenseits der das Ergebnis aufzehrenden Gemeinkosten resultieren hieraus Probleme, die sich kein Unternehmen, das im Wettbewerb steht, heute noch leisten sollte.

Das vorliegende Buch beschreibt den pragmatischen Ansatz von CIM Aachen, mit dem administrative Prozesse systematisch optimiert werden. Dem Autor geht es dabei nicht darum, mit dem Begriff ‚Lean Administration' die Anpassung von Personalkapazitäten in administrativen Bereichen zu verklausulieren. Vielmehr stellt er mit dem Statement ‚Wertschöpfung ist Wertschätzung durch den Kunden' klar, worauf es bei Lean Administration ankommt: Mit den Augen des Kunden auf die eigene Arbeit zu sehen, und Kunde ist grundsätzlich die nachfolgende Abteilung.

Auch mit der Aussage ‚Erlaubt ist, was wirkt' macht der Autor deutlich, was bei Lean Administration im Vordergrund stehen sollte. Es zählt nicht, wie modern die Methoden sind, mit denen die verwaltenden Prozesse aufgeräumt werden, es zählt das Ergebnis. Simple Analogieschlüsse von der Produktion auf die Gemeinkostenbereiche greifen bei der Anwendung von Methoden des Lean Management zu kurz. Denn dass eine saubere Produktstruktur mit reduzierter Variantenvielfalt deutlich größere Auswirkungen auf alle Unternehmensprozesse hat als erfolgreich eingeführtes Büro-Kanban, mögen auch die fanatischsten Lean-Anhänger kaum bezweifeln. Neben den grundsätzlichen Ansätzen zur Erhöhung von Effektivität und

Effizienz in den systematisch dokumentierten Prozessen der Administration erhält der Leser eine Vielzahl nützlicher Tipps, wie man den täglichen Büroärgernissen wie ineffizienten Besprechungen oder ausuferndem E-Mailverkehr gegenübertreten kann.

Zielgruppe des Buches sind Unternehmer, Führungskräfte vom Geschäftsführer bis zum Abteilungsleiter sowie interne und externe Berater. Mit dem forschen Titel macht der Autor (durchaus augenzwinkernd) klar, dass es sich bei dem vorliegenden Buch nicht um eine akademische Abhandlung handelt. Es wird Klartext gesprochen. Adressiert werden vorrangig Unternehmen aus dem produzierenden Gewerbe, wobei die dargestellte Vorgehensweise und die ausgewählten Beispiele auf das KMU genauso passen wie auf den Großkonzern. Bleibt zu wünschen, dass Sie die Anregungen aus diesem Buch aufgreifen und damit einen weiteren Schritt in Richtung Business Excellence machen. Ich wünsche Ihnen viel Erfolg dabei.

Guido Wey
Fränkische Industrial Pipes GmbH & Co. KG
Königsberg i. Bay. im Januar 2012

Kapitel 1:
Lean Administration
Bestandteil modernen Managements

Äußere Rahmenbedingungen zwingen die Unternehmen, nach der Produktion nun auch die administrativen Bereiche effizienter auszurichten. Lean Administration ist ein Führungsprinzip, mit dem die Mitarbeiter befähigt werden, ihre Leistung eigenständig zu organisieren und Wichtiges von Unwichtigem zu unterscheiden.

1.1 Lean Administration: Ein MUSS im modernen Management

Die Symptome: Den Handlungsbedarf erkennen

Seit Anfang der '90er Jahre wurden zahlreiche Unternehmen erfolgreich auf ‚Lean' umgestellt. Auf Seminaren und Kongressen zum Thema Lean Management berichten gestandene Führungskräfte, wie durch die Anwendung intelligenter Tools aus dem Lean-Baukasten Durchlaufzeiten reduziert, Bestände gesenkt und die Produktivität gesteigert werden konnte. Viele Unternehmen haben dabei bereits die zweite und dritte Welle der Erhöhung der Wertschöpfung hinter sich gebracht und die letzten Prozente der Optimierung herausgeholt. Allerdings haben sich die meisten bisher nur an die Produktion herangetraut.

In den meisten Unternehmen ist der Ansatz, Verschwendung zu vermeiden, jedoch entweder an der Tür zur Verwaltung steckengeblieben, oder die Bemühungen in den administrativen Bereichen sind nicht über das Aufräumen der Büros hinausgekommen. Als Grund dafür benennen die betroffenen Unternehmen, dass es in der Verwaltung viel schwieriger ist als in der Produktion, Prozesse zu verschlanken. Als Grund wird gerne ‚schwieriger' genannt, obwohl eigentlich ‚unangenehmer' gemeint ist. Was an Lean Administration schwierig bzw. unangenehm ist, werden Sie in diesem Buch lesen. Das ist gut zu wissen, hilft aber nicht viel. Daher werden Sie auch erfahren, wie Sie diese Schwierigkeiten angehen und mit welchen Ansatzpunkten Sie die Effizienz auf den Teppichetagen nachhaltig erhöhen. Die ‚Teppichetagen' sind keineswegs despektierlich gemeint, sie beschreiben aber genau das, was viele Mitarbeiter allgemein immer noch unter ‚Administration' verstehen.

Dass in administrativen Bereichen viele Potenziale schlummern, werden nur die Wenigsten bezweifeln. Das wirkliche Ausmaß der Verschwendung ist aber selten offensichtlich. Denn hohe Gemeinkosten sind lediglich das Ergebnis ineffizienter Strukturen. Verschwendung ist mehr als unaufgeräumte Schreibtische, unübersichtliche Ablagestrukturen oder ausufernde Besprechungen. Verschwendung sind Fehler, unflexible Abläufe mit langen Liege- und Wartezeiten oder nicht definierte Schnittstellen. Wenn eines dieser Symptome auf Ihr Unternehmen zutrifft, sollten Sie über Lean Administration nachdenken.

Gemeinkosten im Blick

Wurden die Herstellkosten im Unternehmen in der Vergangenheit weitestgehend optimiert, rücken die Gemeinkosten zunehmend in den Fokus. Gemeinkosten sind die monetär bewerteten Aufwände in einem Unternehmen, die nicht unmittelbar einem Kostenträger zuzuordnen sind. Hierzu gehören Kosten für die IT, für den Personalbereich, die Unternehmensleitung, das Finanz- und Rechnungswesen oder der Einkauf. Dass das zunehmende Interesse an den Gemeinkosten nicht unbegründet ist, zeigt die Statistik des VDMA-Kennzahlen-Kompass, nach der 2009 nahezu 39% der Gesamtkosten im Maschinen- und Anlagenbau auf die Gemeinkosten entfielen (Bild 1-1).

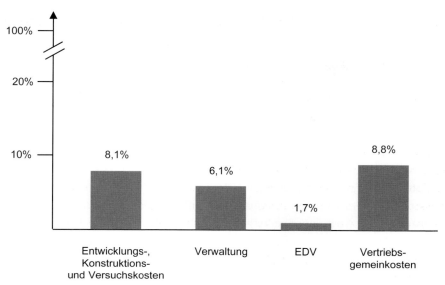

Bild 1-1: Anteile der Gemeinkosten an den Gesamtkosten im deutschen Maschinen- und Anlagenbau im Jahr 2009 (Quelle: VDMA-Kennzahlenkompass 2009)

Der Anteil der Gemeinkosten ist dabei in den letzten Jahrzehnten immer weiter gestiegen, wofür im Wesentlichen die folgenden drei Gründe verantwortlich zeichnen:

- Die Fertigungstiefe und damit der Anteil der direkt beschäftigten Mitarbeiter sind immer weiter zurückgegangen. So ist beispielsweise zwischen 1980 und 2000 im Maschinenbau die Fertigungstiefe um 17 Prozent, in der Automobilindustrie um 21% zurückgegangen (Arnold 2004). Ursächlich hierfür ist, dass sich die Unternehmen zunehmend auf ihre Kernkompetenzen wie Vermarktung und Entwicklung konzentrieren, während Produktionsleistungen extern zugekauft werden – bekanntermaßen auch immer öfter im Ausland.
- Eine marktgetriebene Produktdiversifizierung hat durch einen erheblichen Anstieg der Variantenvielfalt dazu beigetragen, dass die Aufwände in Auftragsabwicklung, Konstruktion, Arbeitsvorbereitung und Fertigungssteuerung nachhaltig gestiegen sind. Die hieraus resultierende Notwendigkeit der Standardisierung hat in vielen Unternehmen noch nicht stattgefunden, so dass mehr Varianten nahezu gleichbedeutend mit mehr Personalressourcen sind.
- Zunehmende behördliche Auflagen und wirtschaftliche Erfordernisse haben dazu geführt, zusätzlich erforderliches Expertenwissen im Unternehmen vorzuhalten. Umwelt- und Compliance Management oder das Claim Management im Projektgeschäft sind nur einige Beispiele für zusätzliche administrative Tätigkeiten, die früher nicht erforderlich waren, aber heute den Gemeinkostenbereich zusätzlich aufblähen.

Die zusätzlichen Aufgaben der Administration begründen alleine aber nicht den signifikanten Anstieg der Gemeinkosten. Tatsache ist vielmehr, dass die Administration mit der Produktivitätsentwicklung der Produktion nicht Schritt gehalten hat. Sie werden in diesem Buch lesen, wie viel offene und versteckte Verschwendung in den ‚verwaltenden Bereichen' immer noch alltäglich ist, so dass die Mitarbeiter zwar beschäftigt, aber nicht wertschöpfend tätig sind.

Wertschöpfung muss richtig definiert werden

Apropos Wertschöpfung: Nach derselben Statistik des VDMA beträgt die Pro-Kopf-Wertschöpfung im deutschen Maschinen- und Anlagenbau € 78.800 pro Mitarbeiter. Dieser Wert bedeutet anders formuliert die eingebrachte Arbeit eines Mitarbeiters als Beitrag zum Unternehmensergebnis. Eine Aussage, was davon wirklich wertschöpfend und wie hoch der Anteil der Verschwendung ist, wird damit jedoch nicht getroffen. Und das ist das Problem: Das wahre Ausmaß an Verschwendung und Wertschöpfung lässt sich in der Produktion vielleicht noch über Ausschuss- und Nacharbeitskosten ermitteln, in der Administration ist dies mit einer undifferenzierten Betrachtung betriebswirtschaftlicher Kennzahlen nicht möglich. Die betriebswirtschaftliche Definition der Wertschöpfung als Betriebsertrag abzüglich Vorleistung reicht im Sinne des Lean Management also nicht aus. Bei Lean Administration geht es um den Teil der Arbeit, bei dem wertschöpfend an einem Produkt der Administration gearbeitet wird. Welche Produkte dies konkret sind, beschreibe ich in Kapitel 3 ausführlich.

Die offensichtlichen Potenziale der Administration

Es gibt Potenziale in der Administration, die sofort offensichtlich sind, sobald man durch die Büros und Besprechungsräume europäischer Industrieunternehmen geht: Besprechungen mit viel zu vielen Leuten ohne Ergebnis, fluchende Sachbearbeiter, die dringend benötigte Unterlagen suchen oder überquellende E-Mail-Posteingangsfächer. Fasst man alleine dies in Zahlen, wird einem schnell klar, wie viel Verschwendung auf den Teppichetagen tatsächlich vorhanden ist:

- Bis zu zwei Stunden beschäftigen sich europäische Manager täglich mit der Bearbeitung von E-Mails, 32 Prozent dieser E-Mails bezeichnen sie als irrelevante und reine Zeitfresser (Handelsblatt vom 28.06.2007).
- Mitarbeiter in europäischen Unternehmen verbringen täglich durchschnittlich 67 Minuten ihrer Zeit mit der Suche nach Informationen (Informationbuilders.de vom 12.07.2007).
- Europäische Finanz- und Personalmanager halten 31,5 Prozent aller Meetings wegen ungenügender Vorbereitung, fehlender, aber relevanter Ansprechpartner und ausufernden Diskussionen für überflüssig (Financial Times vom 13.11.2009).
- Durchschnittlich dauert es 15 Minuten, bis ein Sachbearbeiter wieder durch externe Einflüsse (E-Mail, Telefon etc.) von seiner Arbeit abgelenkt wird (Umfrage von uSamp im Auftrag von Harmon.ie)

Hinzugekommen ist die neueste Errungenschaft des Internets: Social Media, Facebook, Twitter & Co. tragen nachhaltig zur Ablenkung der Mitarbeiter bei. Laut der Studie von uSamp resultieren inzwischen 9 Prozent aller Arbeitsunterbrechungen aus Mitteilungen von sozialen Netzwerken, SMS sind hier nicht eingerechnet. Die IT, die eigentlich entwickelt wurde, um Zeit zu sparen, bewirkt also genau das Gegenteil davon.

Noch schlimmer: Die versteckte Verschwendung in der Administration

Wenn sich die offensichtlichen Potenziale schon dramatisch anhören, ist es die Verschwendung, die nicht auf den ersten Blick offenkundig wird, erst recht. Nicht zuletzt deshalb, weil häufig endkundenrelevante Probleme entstehen, die nachhaltige Auswirkungen auf die Wettbewerbsfähigkeit haben. Dies wird anhand folgender Fragestellungen deutlich:

- Wie viel Aufwand stecken Sie in die nachträgliche Ermittlung der Kundenanforderungen, weil diese zuvor nicht ausreichend spezifiziert wurden und wie oft müssen Sie dafür beim Kunden rückfragen?
- Wie viele Komponenten werden von der Konstruktion neu entwickelt und von der Arbeitsvorbereitung neu geplant, weil das Produktspektrum nicht ausreichend standardisiert ist?
- Wie oft beschäftigen sich Mitarbeiter mit Aufgaben, die eigentlich nicht in ihren Verantwortungsbereich gehören, beispielsweise der ‚einkaufende Konstrukteur‘, und welche Probleme ergeben sich daraus im Tagesgeschäft?
- Wie oft bekommen Sie vom Kunden keine vollständigen Zahlungen, weil die Technische Dokumentation nicht frühzeitig fertig war und mit den auszuliefernden Enderzeugnissen ausgeliefert werden konnte?

Die Liste könnte beliebig fortgesetzt werden und resultiert aus Problemen im Prozess, nicht richtig definierten Schnittstellen sowie unklaren Verantwortlichkeiten. Versteckt ist diese Art der Verschwendung deshalb, weil sie je nach Unternehmen und Branche unterschiedlich stark ausgeprägt sein kann, weil sie in der Regel im Unternehmen nicht gemessen wird und weil es im Gegensatz zur offensichtlichen Verschwendung kaum Studien gibt, die das Ausmaß solcher Probleme quantifizieren. Dafür bedarf es schon einer detaillierten Analyse, die die Kernthemen administrativer Prozesse individuell auf den Punkt bringt und die hieraus resultierenden Potenziale in Zahlen bewertet. Hierauf werde ich im Kapitel 2 zu sprechen kommen.

Warum kurzfristige Produktivitätsprogramme keine Lösung sind

Das Resultat offener und versteckter Verschwendung sind hohe Gemeinkosten. Völlig unvorbereitet trifft ein Unternehmen die Erkenntnis, dass diese häufig erhebliche Potenziale beinhalten, nicht – und die Notwendigkeit, gegenzusteuern, ist auch hinlänglich bekannt.

Demzufolge gibt es auch andere Ansätze, um Gemeinkosten zu reduzieren: Die Gemeinkostenwertanalyse, das Target Costing oder das Zero-base-budgeting sind wohl die gebräuchlichsten Methoden, wenn es darum geht nicht direkt zuzuordnende Kosten in den Griff zu bekommen.

Das Problem mit diesen Verfahren ist, dass es sich in den vielen Fällen um einmalig angewandte ‚Hauruck-Ansätze' handelt, die zwar kurzfristig signifikante Einsparungen bringen, denen letztendlich aber die Nachhaltigkeit fehlt. Nehmen wir das Beispiel der Gemeinkostenwertanalyse. Hierbei werden, wie der Name schon sagt, die entstehenden Gemeinkosten hinsichtlich ihres erzeugten Wertes hinterfragt. Konkret werden dazu zunächst Inhalt und Aufwand der Tätigkeiten sowie die daraus resultierenden Kosten ermittelt und anschließend mit den Leistungsempfängern abgestimmt, welche dieser Leistungen zukünftig in welchem Umfang benötigt wird. Durch diese Abstimmung werden Tätigkeitsinhalte entweder vollständig gestrichen oder nach bestem Wissen und Gewissen optimiert. So weit so gut, denn ein systematischer Ansatz der Lean Administration, wie ich ihn in Kapitel 2 beschreibe, verfolgt grundsätzlich die gleiche Zielrichtung. Mit den klassischen Ansätzen zur Reduzierung der Gemeinkosten ist jedoch das Problem verbunden, dass sich die Einstellung der involvierten Mitarbeiter nicht grundsätzlich ändert. Die Anwendung einer solchen Maßnahme als reines ‚Kostenmanagement-Hilfsmittel' hat wenig damit zu tun, nachhaltig die Prozesse in Vertrieb, Einkauf, Buchhaltung & Co. zu verschlanken und das dringend erforderliche ‚Lean Thinking' bei den Mitarbeitern zu verankern. Letzteres und der fehlende Ansatz der kontinuierlichen Verbesserung sind deshalb die Gründe dafür, warum solche Produktivitätsprogramme häufig nur einen kurzfristigen Erfolg bringen und regelmäßig wiederholt werden müssen, um die Gemeinkosten immer wieder auf ein verträgliches Niveau zu heben.

Lean-Prinzipien erfolgreich auf die Gemeinkostenbereiche anwenden

Im Gegensatz zu den klassischen Produktivitätsprogrammen ist Lean Administration hingegen ein auf Nachhaltigkeit ausgerichtetes Führungsprinzip. Hierbei werden die Lean-Prinzipien auf die Gemeinkostenbereiche angewandt, ohne bewährte Methoden aus dem Produktionsumfeld dogmatisch und unreflektiert auf die verwaltenden Bereiche zu übertragen. Es geht darum, die vorhandene Verschwendung eindeutig zu identifizieren und zu eliminieren.

Ergebnisse erzielen statt beschäftigt zu sein

Wir haben die Erfahrung gemacht, dass in den meisten Unternehmen die administrativ eingesetzten Mitarbeiter durchaus sehr gut mit dem Tagesgeschäft ausgelastet sind. Das trifft in der Regel auch auf das Management zu, das sich auch nur selten über zu wenig Arbeit beschwert. ‚Beschäftigt zu sein' hat aber nicht unbedingt etwas mit ‚Ergebnis erzielen' zu tun. Ein Mitarbeiter kann durchaus den ganzen Tag beschäftigt sein, ohne am Ende des Tages ein brauchbares Ergebnis erzielt zu haben. Man denke nur an interne Besprechungen, die

Suche nach benötigten Informationen oder Reibungsverluste bei der Abstimmung mit anderen Abteilungen. Hieraus leitet sich auch der geflügelte Spruch ab, dass man ab 70 Mitarbeitern keine Kunden mehr braucht, damit alle Kollegen beschäftigt sind.

Ein ‚Ergebnis erzielen' setzt zwei wesentliche Aspekte voraus: Einerseits muss das erwartete Ergebnis zuvor eindeutig beschrieben werden. Es müssen die Anforderungen und die Erwartungshaltung des internen bzw. externen Kunden bekannt sein, damit das erwartete Ergebnis durch die nachfolgende Abteilung oder den Nachfolgeprozess überhaupt erbracht werden kann. Hier ist von Schnittstellendefinitionen und Übergabespezifikationen die Rede, auf die ich in Kapitel 3 genauer zu sprechen kommen werde.

Andererseits müssen die Mitarbeiter befähigt werden, ihre Arbeit so zu organisieren, dass sie in der zur Verfügung stehenden Zeit diese Anforderungen erfüllen können. Die Aufgabe des Managements liegt nicht darin, die Mitarbeiter möglichst effizient einzusetzen, sondern sie in die Lage zu versetzen, Wichtiges von Unwichtigem zu unterscheiden, die richtigen Prioritäten zu treffen und selbständig an der kontinuierlichen Verbesserung ihres Handelns zu arbeiten. Im Idealfall bedarf es keines Anstoßes mehr von außen, um die Gemeinkosten langfristig auf einem niedrigen Niveau zu halten.

Erlaubt ist, was wirkt!

Auf die unterschiedlichen Methoden, mit denen man die Prozesse der Administration nachhaltig verschlankt, werde ich im Verlauf des Kapitels 5 ausführlich zu sprechen kommen.

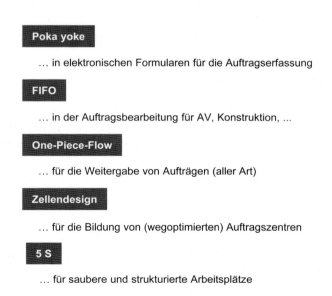

Bild 1-2: Die klassischen Methoden des Lean Management sind alleine nicht ausreichend, um Lean Administration vollständig zur Wirkung zu bringen

Grundsätzlich bleibt aber festzuhalten, dass Lean Administration nicht bedeutet, den Baukasten des Lean Management bedingungslos auf verwaltende Prozesse anzuwenden. Es geht darum, Art und Ausprägung der Verschwendung zu verstehen und daraus die richtigen Maßnahmen abzuleiten.

Wenn Sie in diesem Buch also nach Maßnahmen suchen, mit denen Sie Effektivität und Effizienz auf den Teppichetagen erhöhen, werden Sie diese finden. Sie werden diese aber nicht alle zwingend den Ihnen bekannten Werkzeugen aus dem Lean-Baukasten zuordnen können. So werden Sie beispielsweise feststellen, dass eine saubere Produktstruktur zwingende Voraussetzung für die Reduzierung der administrativen Komplexität ist und die Aufwandstreiber in Konstruktion, Arbeitsvorbereitung und Fertigungssteuerung signifikant reduzieren kann. Auch werden Sie lesen, dass ein Auftragszentrum ein ideales Instrument ist, um im Rahmen der internen Auftragsabwicklung Durchlaufzeiten zu reduzieren – allesamt bekannte Ansätze, die in der heutigen Literatur nicht zwingend als Lean-Tools bekannt sind. Zusätzlich werden Sie aber auch darüber informiert, wie Sie Poka Yoke, Kanban, FIFO & Co. sinnvoll im Büro anwenden. Letztendlich gilt: Erlaubt ist, was wirkt! Lean Administration ist ein Führungsprinzip, mit dem die Mitarbeiter befähigt werden, ihre Arbeit richtig zu organisieren. Und dazu gehört auch, die richtigen Methoden korrekt anzuwenden.

Lean Administration: Der Weg zur Business Excellence

Wenn ein Unternehmen das Ziel verfolgt, an der Gemeinkostenschraube zu drehen und die Ursachen systematisch anzugehen, kommt es an Lean Administration nicht vorbei. Erst durch den hieraus resultierenden ganzheitlichen Ansatz, mit dem Strukturen verändert und Prozesse optimiert werden, kommt man dem Idealzustand einer verschwendungsfreien Administration näher. Und auch wenn dies in der Realität immer ein Zielzustand bleiben wird, sorgen Werkzeuge wie Kaizen dafür, dass es auf dem Weg zur Business Excellence permanent vorangeht.

1.2 Lean Administration als Führungsprinzip

Wertschöpfung ist Wertschätzung durch den Kunden

Lean Administration ist ein Führungsprinzip. Davon gibt es reichlich, wenn man nur an die unterschiedlichen „Management by…"-Konzepte denkt. Einzelne dieser Prinzipien sind im Sinne des Lean Management auch sinnvoll und sogar erforderlich. Man denke nur an das Management by Objectives (Drucker 1998; Odiorne 1971), also dem Führen durch Zielvorgaben, das den Mitarbeitern Orientierung bieten soll, ihre Arbeit an den Gesamtzielen des Unternehmens und ihren persönlichen Zielen auszurichten. Der österreichisch-amerikanische Managementtheoretiker Peter F. Drucker hat dies bereits in den 60er Jahren als eines der zentralen Führungsprinzipien definiert und Management by Objectives hat heute nach wie vor seine Berechtigung. Lean Administration ist aber mehr. Bleibt man in der Logik, dann ist Lean Administration *Management by view of customer* (siehe Bild 1-3).

Mit den Augen des Kunden sehen

Bei Lean Administration geht es um den Kunden! Es ist kein Mittel zum Selbstzweck, auch wenn es landläufige Meinung ist, dass schlankere Prozesse in erster Linie für das Ergebnis relevant sind. Dies stimmt auch insoweit, als dass sich eine höhere Produktivität positiv auf die Marge auswirkt und ein früherer Zahlungseingang durch den Kunden cash flow-relevant ist. Betrachten Sie das Thema aber einmal aus einem anderen Blickwinkel: Ohne die notwendigen Anpassungen der Kostenstrukturen wird sich ein Unternehmen früher oder später aus dem Markt katapultieren, weil der Kunde nicht bereit ist, auch bei sehr hoher Qualität oder Servicegrad nicht wettbewerbsfähige Preise zu bezahlen. Gemeinkosten sieht der Kunde in Ihrer Kalkulation bis zu einem gewissen Maß als notwendig an, Verschwendung in den Gemeinkosten aber sicher nicht. Die bekommt der Kunde zwar in den meisten Branchen zum Glück nicht zu sehen, wenn er sich aber erst einmal für einen anderen Lieferanten entschließt, ist es zu spät.

Management by view of customer heißt:

... mit den Augen des Kunden auf die eigene Arbeit zu sehen.

... interne Kunden mit derselben Perfektion zu bedienen wie externe.

... Wertschöpfung als Wertschätzung durch den Kunden zu definieren.

Bild 1-3: Das Management by view of customer zählt zu den zentralen Erfolgsfaktoren

Die Kosten sind aus Sicht des externen Kunden aber nur die eine Seite der Medaille, denn der ‚administrative Servicegrad‘ ist ein anderer Aspekt, der vom Kunden beurteilt wird. Wie leistungsfähig ist Ihre Administration? Hierbei bewertet der Kunde weniger die Effizienz, die sich letztendlich in den Kosten widerspiegelt, als vielmehr die Effektivität der verwaltenden Bereiche. Beispiele habe ich bereits weiter oben zum Thema versteckte Verschwendung aufgezeigt. Die Unzufriedenheit des Kunden über solche Prozessprobleme bekommt das Unternehmen im Idealfall über eine Befragung mitgeteilt und kann noch darauf reagieren. Ansonsten droht das gleiche Schicksal wie bei nicht wettbewerbsfähigen Preisen.

Das interne Kunden-/Lieferantenverhältnis: Mehr als eine Floskel

Ein anderer Aspekt ist die interne Kundenperspektive. Das interne Kunden-/Lieferantenverhältnis ist auch kein neuer Begriff, im Sinne der Lean Administration aber von zentraler Bedeutung. Erst wenn der nachgelagerte Prozessschritt die benötigten Informationen zum benötigten Zeitpunkt in der erforderlichen Qualität bekommt, um selbst seine Arbeit termingerecht abliefern zu können, sind die Voraussetzungen gegeben, dass ein administrativer Prozess ‚ins Fließen‘ kommt und Verschwendung vermieden wird. Um ein internes Kunden-/ Lieferantenverhältnis aber definieren zu können, ist die eindeutige Definition der Produkte und der Produktanforderungen, beispielsweise in Form von Übergabespezifikationen, erforderlich. Dies ist ein ganz zentrales Thema in der Administration, auf das ich im Verlauf von Kapitel 3 ausführlich eingehen werde.

Die Mitarbeiter zur Wertschöpfung befähigen

Lean als Führungsprinzip bedeutet, die Mitarbeiter zu einem Ergebnis und zu der Einsicht zu führen, dass ein unzufriedener Kunde nicht alleine ein Problem des Vertriebs ist. Wenn die Mitarbeiter hinterfragen, ob ihr Handeln wertschöpfend im Sinne des Kunden ist (unabhängig davon, ob dieser extern oder intern ist), und Verschwendung selber identifizieren, dann ist Lean Administration auf der Erfolgsspur. Es ist Aufgabe des Managements, den Mitarbeitern dies zu vermitteln, sie zu motivieren und sie zu befähigen.

Lean Administration wird nicht ‚verkündet‘

Mit einem Statement ‚Ab heute machen wir Lean Administration, weil die Gemeinkosten zu hoch sind‘ werden Sie nicht viel bewegen. Im Gegenteil: Erstens wissen die Mitarbeiter nicht genau, worum es geht und zweitens werden sie allein schon aus Angst vor dem Verlust ihres Arbeitsplatzes eine Blockadehaltung einnehmen oder paralysiert beobachten, was um sie herum geschieht. Das ist übrigens ähnlich wie bei den beschriebenen Produktivitätsprogrammen, die rein auf das Ergebnis ausgerichtet sind, jedoch keinen ganzheitlichen Ansatz zum Change Management verfolgen.

Lean Administration ist ein Appell an die Mitarbeiter

Es geht um einen systematischen und für die Mitarbeiter nachvollziehbaren Ansatz, der an das Können und das Wollen der Mitarbeiter appelliert. Es geht darum, ein Umfeld zu schaffen, in dem sich die Mitarbeiter am Verhalten ihrer Führungskräfte orientieren können und in dem Lean Administration zum Selbstläufer wird. Die Mitarbeiter zu ‚befähigen' heißt deshalb deutlich mehr als sie in den Grundlagen des Lean Management zu schulen. Es heißt, ihnen eine andere, kundenorientierte Sicht auf die Prozesse zu vermitteln und sie von der Änderung der Unternehmensphilosophie zu überzeugen. Kompetenz meint aber viel mehr als formale Qualifikation und angehäuftes Fachwissen. Es geht um die Fähigkeit, Leistung in der Berufspraxis eigenständig zu organisieren und sich aktiv, motiviert und selbstkritisch in die Arbeit einzubringen (Wittenstein 2010).

Lean Administration ist kein neues Führungsprinzip. Es liefert die Klammer, um die betriebswirtschaftliche Logik begreifbar, lehrbar und damit erlernbar zu machen. Es appelliert an die Mitarbeiter und befähigt sie, dieser Logik zu folgen.

1.3 Was ist der Erfolgsmaßstab?

Woran Sie merken, dass Sie alles richtig gemacht haben!

In diesem Buch lesen Sie, was aus Sicht des Praktikers notwendig ist, um Lean Administration zum Erfolg zu führen. Sie werden lernen, welche strukturellen Voraussetzungen im Unternehmen vorhanden sein sollten, welche Vorgehensweise sich in einer Vielzahl von Projekten bewährt hat und wie Sie es schaffen, die Mitarbeiter für Lean zu begeistern. Wenn Sie das alles befolgt haben, werden Sie zu Recht die Frage stellen, woran Sie merken, dass Sie alles richtig gemacht haben.

Aufgeräumte Büros: Schon mal ganz gut – aber nicht alles

Viele denken: Büros aufzuräumen, Ordnung zu schaffen und damit schneller benötigte Dokumente zu finden, sei der Kern von Lean Administration. Diese landläufige Meinung werde ich an diversen Stellen widerlegen, auch wenn der Nutzen solcher Aktionen unbestritten ist. 5S ist geeignet, um die Mitarbeiter zu Beginn abzuholen und eine Aufbruchstimmung zu erzeugen. Auch ist es eines der (wenigen offensichtlichen) Zeichen, dass sich im Unternehmen etwas geändert hat. Wenn sich an der inneren Einstellung der Mitarbeiter jedoch nicht grundsätzlich etwas ändert, werden die Büros nach kurzer Zeit wieder so aussehen wie vorher und es besteht die Gefahr, dass auch 5S das gleiche Schicksal ereilt wie die o.g. Produktivitätsprogramme, sie müssen in regelmäßigen Abständen wiederholt werden. So gesehen sind 5S-Aktionen im Büro ein Symbol für Nachhaltigkeit. Unternehmen, die Lean Administration verinnerlicht haben, werden 5S-Aktionen genau einmal je Bereich durchführen. Danach wird es nicht mehr notwendig sein, da die Mitarbeiter von sich aus überzeugt sind, dass ein permanentes Aufrechterhalten von Ordnung und Sauberkeit sinnvoll und notwendig für strukturiertes Arbeiten ist.

Veränderte Strukturen: Extrem wichtig und häufig unterschätzt

Eine Veränderung von Strukturen ist in nahezu allen Unternehmen notwendig, um schlanke Prozesse in der Verwaltung nachhaltig zu verankern. Diese Strukturen lassen sich grob in zwei unterschiedliche Aspekte unterteilen: Einerseits müssen die aufbauorganisatorischen Rahmenbedingungen für prozessorientiertes Handeln gegeben sein. Stark ausgeprägte, funktionale Strukturen werden keinen Beitrag dazu leisten, einen administrativen Prozess zum Fließen zu bringen und Durchlaufzeiten zu reduzieren. Prozessorientierte Strukturen müssen sich deshalb im Organigramm wiederfinden, beispielsweise durch die Bildung von Auftragszentren oder einer Projektorganisation.

Andererseits geht es bei der Veränderung von Strukturen um die Reduzierung von Komplexität. Diese entsteht durch die Produkte der Administration und durch Aufwandstreiber. Erstere sind die Ergebnisse, die durch eine Abteilung erzeugt werden und die vom nachgelagerten Prozessschritt für die weitere Bearbeitung benötigt werden. Produkte der Administration können sowohl für externe Kunden (Auftragsbestätigungen, Rechnungen etc.) als auch für interne (Zeichnungen, Arbeitspläne etc.) erzeugt werden.

Aufwandstreiber verursachen ebenfalls einen zeitlichen Aufwand, der aber nicht der unmittelbaren Wertschöpfung, also der Erstellung eines administrativen Produktes, zuzurechnen ist. Hierzu gehören beispielsweise die Aktivitäten im Rahmen des Lieferantenmanagements, bei der die Anzahl der Lieferanten Aufwandstreiber ist, oder Abteilungsbesprechungen. Administrative Produkte sind deshalb grundsätzlich Aufwandstreiber, umgekehrt gilt dies nicht. In diesem Zusammenhang geht es bei der Reduzierung von Komplexität also darum, die Anzahl der Aufwandstreiber soweit wie möglich zu reduzieren. Dies gelingt, indem man sich von nicht notwendigen Aufwandstreibern schlicht verabschiedet (beispielsweise Besprechungen) oder einen höheren Standardisierungsgrad anstrebt (beispielsweise durch eine modulare Produktstruktur). Beide Ansätze weisen in der Praxis enorme Potenziale auf, die in vielen Unternehmen immer noch ungenutzt sind.

Das Erreichen von Kennzahlen: Ein erster Schritt

Lean Administration beruht wie alle (guten) Führungsprinzipien auf der Vorgabe von Zielen, die hierdurch erreicht werden sollen. Hierbei geht es nicht um die klassischen und allseits bekannten Bereichsvorgaben wie Umsatzziele, Einkaufspreisreduktionen etc. Die haben auch weiterhin ihre Gültigkeit. Es geht um die Zielerreichung von Parametern aus dem Lean Management-Umfeld, die sich aus den Verschwendungsfaktoren der Administration ableiten. Hierzu gehören die Reduzierung von Durchlaufzeiten und Fehlerquoten oder die Erhöhung des Flussfaktors. Welche Kennzahlen sich anbieten hängt von unterschiedlichen Parametern ab, auf die ich in Kapitel 3.7 eingehen werde.

Das Erreichen solcher (quantifizierbarer) Ziele ist ein wichtiger Schritt, zeigt es doch, dass das Unternehmen auf dem richtigen Weg ist. Aber genau wie umgesetzte 5S-Aktionen ist die Erreichung solcher Hard Facts kein alleiniger Bewertungsmaßstab, über den sich der Erfolg von Lean Administration definiert. Ich werde im Verlauf des Buches darauf zu sprechen kommen, dass Zielvereinbarungen beispielsweise ein adäquates Mittel sind, um die Nachhaltigkeit von Lean Administration sicherzustellen. Wenn diese aber dadurch ad absurdum geführt werden, dass aus monetären Beweggründen Einzelner ihre persönlichen Ziele zu erreichen, die falschen Entscheidungen getroffen werden, ist dem Unternehmen wenig geholfen.

Unternehmerisch denkende Mitarbeiter: Dann haben Sie es geschafft

Wenn Sie kumulativ zu den oben genannten Aspekten zu der Erkenntnis gelangen, dass Ihre Mitarbeiter sich so verhalten, wie es der Unternehmer im Zweifelsfall selbst tun würde, haben Sie es geschafft. Wenn Sie feststellen, dass Denken und Handeln der Mitarbeiter darauf ausgerichtet sind, Verschwendung von Wertschöpfung zu unterscheiden und erstere soweit wie möglich zu vermeiden, sind sie auf dem richtigen Weg. Und wenn Sie sicher sind, dass all dies keine zeitlich limitierte Blase ist, wird sich Lean Administration als Philosophie in Ihrem Unternehmen durchsetzen.

Woran Sie merken, dass ‚Lean' noch nicht vollständig angekommen ist

Wenn Sie den Empfehlungen dieses Buches folgen, werden Sie Lean Administration erfolgreich umsetzen. Es kann aber sein, dass Sie einzelne Mitarbeiter mental noch nicht abgeholt haben. Und je nachdem, welche Position diesen Mitarbeitern zukommt, kann dies relevante Auswirkungen auf die Durchsetzung schlanker Prozesse haben. Dann werden festgelegte Standards nicht eingehalten, zugewiesene Verantwortlichkeiten missachtet oder vordefinierte Prozesse umgangen. Im Zweifelsfall wird einfach alles so gemacht wie vorher auch. In diesem Fall müssen Sie solche Mitarbeiter identifizieren und gezielt coachen. Hier ist Führungsarbeit gefragt, die das Management als Treiber und Motivator für Lean Administration leisten muss. Auch dieses Thema wird umfassend in Kapitel 6 detailliert.

Wie man nun konkret mit Lean Administration anfängt, lesen Sie in Kapitel 2.

Kapitel 2
Die Vorgehensweise
Philosophie statt Projekt

Beim Aufbau von Lean Administration folgen Sie einem genauso systematischen wie simplen Ansatz: Zunächst nehmen Sie soweit wie möglich die Komplexität aus den Prozessen heraus (Effektivität), anschließend optimieren Sie diese (Effizienz).

2.1 Sicher ans Ziel: Das 4-Stufenmodell

Die Ausgangsfrage lautet, wie man Lean Administration ins Unternehmen und damit zu den Menschen tragen kann – eine Philosophie, die das Gespür für Wertschöpfung und Verschwendung grundsätzlich verändert. Lean Administration kommt erst richtig zur Wirkung, wenn es keines Managements oder keiner Stabsabteilung mehr bedarf, die Lean-Prozesse vorantreiben, sondern wenn dies durch Eigeninitiative der Mitarbeiter geschieht. Demgegenüber stehen die Angst der Mitarbeiter vor dem Verlust des eigenen Arbeitsplatzes, das Zögern, eigenes Know-how preiszugeben und damit austauschbar zu werden sowie die Bedenken, liebgewonnene Arbeitsweisen aufzugeben. Um Lean Administration langfristig und nachhaltig zum Erfolg zu führen, bedarf es deshalb eines systematischen Ansatzes, der nicht als einmaliges Projekt angesehen wird, sondern eine grundsätzliche Veränderung der Managementphilosophie zum Ziel hat.

Mit einem 4-Stufenmodell lassen sich die administrativen Prozesse im Unternehmen systematisch optimieren. Die Nachhaltigkeit wird dadurch sichergestellt, dass Standards geschaffen sowie die Mitarbeiter am Change Management-Prozess beteiligt werden.

Ein systematischer Ansatz setzt zunächst die detaillierte Erfassung der Ausgangssituation voraus, um die Komplexitätstreiber und Verschwendung im Prozess sowie die Stellhebel für Veränderung zu identifizieren.

Sind die strukturellen Voraussetzungen geschaffen, wird das organisatorische Umfeld hinsichtlich der zu erreichenden Ziele abgesteckt und die Komplexität der Aufwandstreiber so weit wie möglich reduziert. Auf dieser Basis können Sie anschließend den Soll-Zustand für die

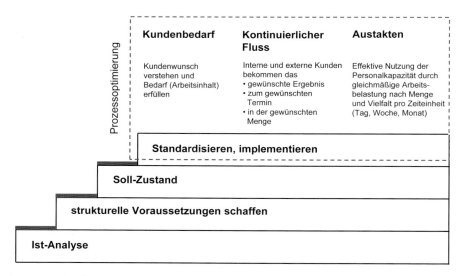

Bild 2-1: Das 4-Stufenmodell von CIM Aachen zur erfolgreichen Lean Administration-Einführung

zukünftige Abwicklung der administrativen Prozesse festlegen, bevor diese mit ausgewählten Methoden des Lean Management optimiert werden.

Begleitend dazu werden Standards für die nicht prozessbezogenen Aspekte der Lean Administration geschaffen. Hierzu gehören beispielsweise der Aufbau einer reglementierten Besprechungskultur oder die Handhabung effizienten E-Mail-Verkehrs. Dies wiederum ist auch gut geeignet, um im Unternehmen eine Aufbruchstimmung zu erzeugen und den ‚Prozess ins Rollen' zu bringen.

Die Ausgangssituation schonungslos erfassen

Den realen Zustand zu erfassen ist die Grundlage, um wirklich schlanke Prozesse zu schaffen. Es geht nicht darum, mit kurzfristigen Produktivitätsprogrammen im Büro an der Oberfläche zu kratzen oder sich selbst etwas vorzumachen. Es geht darum, die Ausgangssituation objektiv zu bewerten und Potenziale für Verbesserungen als reale Chance zu identifizieren.

Zum ersten Schritt gehört die Definition der Bilanzhülle. ‚Administration' ist ein weitgefasster Begriff und umfasst eine Vielzahl von Unternehmensbereichen. Mit ‚Bilanzhülle' ist gemeint, welche Prozesse bzw. welche Bereiche im Detail zu betrachten sind und welche Schnittstellen hieraus resultieren. Diese eindeutige Abgrenzung sollten Sie zu Beginn unbedingt festlegen.

Grundsätzlich eignen sich zwei Methoden, um ein Bild der Ausgangssituation zu skizzieren: Die Prozessanalyse, mit der die einzelnen Tätigkeiten und deren Abfolge im Prozess erfasst werden, und die Tätigkeitsstrukturanalyse, die aufzeigt, welches die Aufwandstreiber im Prozess sind und welcher Aufwand hierdurch verursacht wird. Während die Prozessanalyse im Wesentlichen die Prozesseffektivität bewertet, zielt die Tätigkeitsstrukturanalyse darauf ab, Aussagen über den Wirkungsgrad der einzelnen Tätigkeiten zu treffen und den realen Ressourcenbedarf für die Prozessabwicklung zu bestimmen.

Mit der Prozessanalyse der Verschwendung auf der Spur

Einen Prozess zu analysieren heißt zu hinterfragen, welche Tätigkeiten von wem (bzw. welcher Abteilung) in welcher Reihenfolge durchgeführt werden. Es geht in erster Linie darum, die Komplexität der Abläufe zu erfassen und hinsichtlich der Verschwendungsfaktoren zu untersuchen. Auch der Wirkungsgrad der eingesetzten IT sollte Bestandteil einer solchen Betrachtung sein, der anschließend mit der Tätigkeitsstrukturanalyse quantifiziert wird.

Die Erfassung selbst kann auf unterschiedliche Art und Weise erfolgen. Sehr verbreitet sind Flow-Charts, die sich dadurch auszeichnen, dass mit einem Blick alle involvierten Bereiche erfasst werden können. Darüber hinaus lassen sich auf transparente Weise identifizierte Schwachstellen sowie der für die jeweilige Tätigkeit benötigte Zeitaufwand darstellen. Grundsätzlich gilt: Administrative Abläufe zu erfassen ist keine intellektuelle Höchstleistung. Es geht vielmehr darum, die richtigen Schlüsse zu ziehen und geeignete Maßnahmen

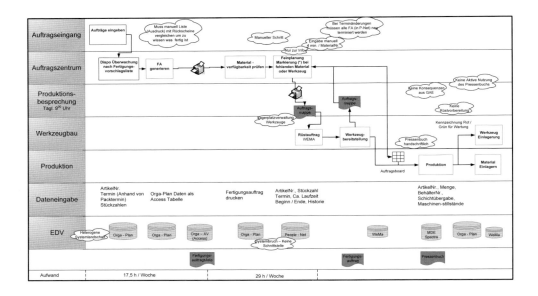

Bild 2-2: In der Praxis bewährte Dokumentation eines Prozessablaufs

daraus abzuleiten. Je nach Fragestellung hat sich zur Visualisierung der Prozesskomplexität in Diskussionen mit Projektpartnern auch die Darstellung der Prozessabfolge über das Organigramm bewährt (siehe Bild 2-3).

Auf diese Weise lässt sich besonders gut erkennen, wie ‚prozessorientiert' eine Organisation tatsächlich aufgebaut ist und welche Schnittstellen im Prozess zu überwinden sind. Sieht das Ergebnis wie im dargestellten Bild aus, liegen die Potenziale in Bezug auf Durchlaufzeit oder Reibungsverluste durch Entscheidungsgerangel offen auf der Hand.

Die Tätigkeitsstrukturanalyse: Grundlage für die Ermittlung der Wertschöpfung

Die Bewertung der Prozesseffizienz erfolgt mit Hilfe der Tätigkeitsstrukturanalyse: Der Aufwand wird je Prozess unabhängig von der Abteilung ermittelt, um den realen Aufwand, den ein Prozess verursacht, über alle Unternehmensbereiche zu ermitteln.

Die Tätigkeitsstrukturanalyse ist aus zwei Gründen interessant. Zum einen ist es gelebte Praxis, dass der real eingesetzte Personalaufwand nichts mit dem Kapazitätsangebot des Bereiches zu tun hat, der den Prozess bearbeiten soll. Ein anschauliches Beispiel aus der Praxis ist der Teilprozess Fertigungssteuerung, der einen Aufwand von 8,3 Mannjahren verursacht, während in der Abteilung Fertigungssteuerung nur fünf Mitarbeiter vorhanden sind. Ein solches Ergebnis zeigt, dass andere Unternehmensbereiche ebenfalls fertigungssteuernde Tätigkeiten wahrnehmen – gelebte Praxis eben. So legt die Fertigungssteuerung einen Produktionsplan fest, der anschließend vom zuständigen Meister ‚überarbeitet', vom Vertrieb

30

‚neu priorisiert' und letztendlich vom Mitarbeiter nach seinem Gusto abgearbeitet wird. Dies sind allesamt fertigungssteuernde Tätigkeiten, deren Aufwand nirgendwo erfasst wird und der an den Stellen, an denen er verursacht wird, die Kapazität für die eigentliche Aufgabe frisst.

Ein ähnliches Beispiel ist die Ermittlung der Aufwandsverteilung in der Konstruktion. Aufgrund der Schnittstellen zum Vertrieb und Produktmanagement einerseits sowie zum Einkauf und zur Arbeitsvorbereitung andererseits gibt es ohnehin häufig Überschneidungen von Tätigkeiten. Problematisch wird es, wenn sich der Konstrukteur für den besseren Einkäufer hält und einen Großteil seines Aufwands in die Suche nach neuen Lieferanten oder neuen Produkten steckt. Mag ja sein, dass der Einkauf nicht dementsprechend aufgestellt ist, aber dass ein (hoffentlich) kreativer Konstrukteur seine Zeit bei ‚Wer-liefert-was' verbringt, ist sicher nicht die Lösung des Problems. Hier geht es darum, Prozesse (siehe Kapitel 5) und Verantwortlichkeiten (siehe Kapitel 6) in Bezug auf die Tätigkeiten von Konstruktion und Einkauf sauber zu definieren und diese auch in der Praxis umzusetzen.

Wie sauber ein Prozess tatsächlich strukturiert ist, lässt sich im Rahmen der Tätigkeits-strukturanalyse mit einer vergleichsweise einfachen Visualisierung darstellen. Ordnet man die einzelnen Tätigkeiten der Prozesse untereinander chronologisch auf der y-Achse (Ver-triebsaktivitäten, Abwicklungtätigkeiten etc.) und ordnet den Aufwand der entsprechen-den Abteilungen ebenfalls chronologisch auf der x-Achse zu, muss sich im Idealfall eine Diagonale ergeben, in der die Schwerpunkte der Tätigkeiten liegen (siehe Bild 2-4). Der

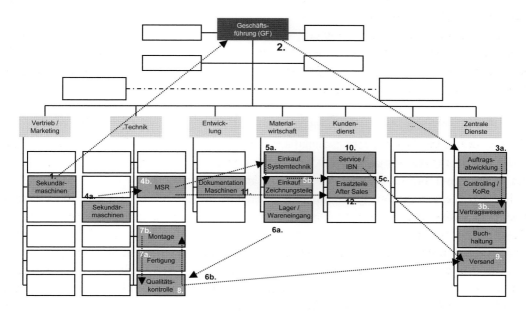

Bild 2-3 Beispiel eines Prozessablaufs im Organigramm

31

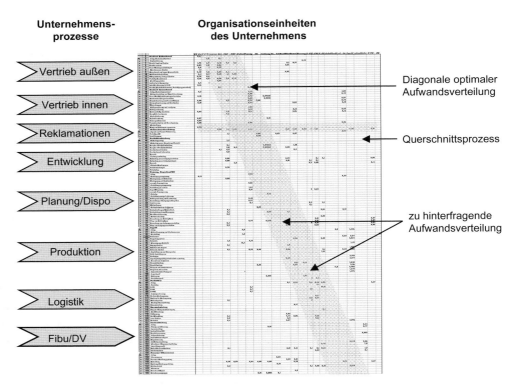

Unternehmensprozesse

- Vertrieb außen
- Vertrieb innen
- Reklamationen
- Entwicklung
- Planung/Dispo
- Produktion
- Logistik
- Fibu/DV

Organisationseinheiten des Unternehmens

Diagonale optimaler Aufwandsverteilung

Querschnittsprozess

zu hinterfragende Aufwandsverteilung

Bild 2-4: Überblick über den Geradeauslauf administrativer Prozesse

Vertrieb übt Aktivitäten im Vertriebsprozess aus, die Konstruktion im Entwicklungsprozess usw. Ist nun die Konstruktion mit Einkaufsaktivitäten beschäftigt, sticht dies schon in der Übersicht deutlich heraus.

In diesem Fall heißt das nicht grundsätzlich, dass alle Tätigkeiten falsch zugeordnet sind. So ist eine Reklamationsabwicklung ein Querschnittsprozess, an dem üblicherweise Vertrieb, Wareneingang, Qualitätsmanagement, ggf. Produktion, Versand und Rechnungswesen beteiligt sind. Demzufolge wird sich der Aufwand in der Matrix im Fall eines solchen Querschnittsprozesses über diverse Unternehmensbereiche ziehen. Wenn man dies jedoch weiß und in der Auswertung entsprechend berücksichtigt, lassen sich die Indizien für einen unsauber strukturierten Prozess – und damit für erhöhten Aufwand – schnell identifizieren.

Der andere wesentliche Aspekt der Tätigkeitsstrukturanalyse ist die Ermittlung der Aufwandstreiber. Ein Aufwandstreiber ist das Objekt in einem Prozess, das eine Aktion auslöst und damit den Aufwand verursacht. Beispiele sind die Auftragsbestätigung, die Konstruktionszeichnung, die Rechnung oder die Bestellung an den Lieferanten. Aufwandstreiber können aber beispielsweise auch Projekte, Versuche oder Materialstämme sein. Fakt ist: Je größer die Anzahl von Aufwandstreibern ist, desto höher wird der Aufwand für deren Bearbeitung sein.

Will man anschließend im Rahmen der Prozessoptimierung Aufwand reduzieren, so gibt es grundsätzlich zwei Möglichkeiten. Entweder Sie reduzieren die Anzahl der Aufwandstreiber, indem Sie beispielsweise weniger Bestellungen beim Lieferanten durch Abrufkonsolidierung auslösen oder weniger Arbeitspläne aufgrund eines erhöhten Standardisierungsgrades erstellen. Oder Sie minimieren die Bearbeitungsdauer je Treiber.

Die Treiber sind auch der entscheidende Faktor, um den zukünftigen Ressourcenbedarf zu ermitteln. Je nachdem, wie sich das Geschäft zukünftig entwickelt, lassen sich über die Anzahl der Treiber die benötigten Personalkapazitäten bestimmen. In der Krise 2009 ging bei einem Zulieferer von Komponenten für Weiße Ware der Auftragseingang um 40% zurück. Dies hatte natürlich entsprechende Auswirkungen auf die Produktion, bedeutete aber auch eine entsprechende Reduzierung der Aufwandstreiber in der Administration. 30% weniger Aufträge, 30% weniger Auftragsbestätigungen bis hin zu 30% weniger Rechnungen. Bei einer sauberen Zuordnung von Tätigkeiten sowie von Aufwand je Treiber ließ sich auf diese Weise eindeutig beschreiben, welche Auswirkungen dies auf den Personalbedarf der Administration hatte. Über den Einsatz entsprechender Maßnahmen hätte der Personaleinsatz theoretisch auch um 42% reduziert werden können. Letztendlich wurden ein Drittel der administrativen Mitarbeiter freigesetzt, um für den Fall eines wieder ansteigenden Auftragseingangs die nötigen Ressourcen an Bord zu haben.

Darüber hinaus können immer nur ganzzahlige Vielfache eingespart werden. Eine Einsparung von 0,6 Mannjahren in einem Prozess wird im Organigramm keine Auswirkung haben. Um ein Mannjahr einsparen zu können, muss in jedem Fall mehr als ein Mannjahr Potenzial im Prozess vorhanden sein. Anschließend werden die Aufgaben im Prozess so neu verteilt, dass die Kapazität von einem Mannjahr auch tatsächlich aus einer Organisationseinheit herausgelöst werden kann.

Zugegeben: Der beschriebene Fall ist als Beispiel, eine neue Philosophie im Unternehmen zu implementieren und die Nachhaltigkeit von Lean Administration sicherzustellen, nicht wirklich geeignet. Denn aufgrund der beschriebenen Ausgangssituation handelte es sich eher um eine dringend erforderliche Kostenreduzierung, die definitiv nicht geeignet ist, um Mitarbeiter zu motivieren und für eine neue Philosophie zu begeistern (siehe Kapitel 6). Das Beispiel zeigt jedoch sehr schön, wie durch den systematischen Einsatz der beschriebenen Methodik und das konsequente Umsetzen sinnvoller Methoden der Einsatz von Ressourcen optimiert werden kann. Es ist somit ein Hinweis für den systematischen Ansatz, zunächst die Strukturen zu bereinigen, bevor die Prozesse optimiert werden. Einer der Väter dieses Ansatzes war sicher Jack Welch, der nach seinem Amtsantritt 1981 zunächst in einem umfassenden Sanierungsprogramm alle Personalüberhänge abschaffte und die Unternehmensprozesse anschließend mit 6-Sigma optimierte (Welch 2003).

Eine weitere Ansatz: Die Wertstromanalyse

Als weitere Methode im Rahmen der Ist-Analyse ist auch in der Administration grundsätzlich die Wertstromanalyse möglich, die aus der Produktion bekannt ist. Die Wertstromanalyse ist allerdings eher bei kurzfristig repetitiven Prozessen sinnvoll, bei dem administrative ‚Produkte' in größeren Mengen mit höherer Taktrate erstellt werden. Dies ist beim Erstellen einer Rechnung oder eines Lieferscheins der Fall, nicht aber beim Aufstellen eines Jahresabschlusses oder einer Qualifizierungsmatrix. Ein vollständiges Beispiel für die Anwendung der Wertstromanalyse findet sich in Kapitel 3.3 im Prozess Auftragsabwicklung.

Die objektive Bewertung des Ist-Zustands

Die objektive Bewertung der ermittelten Analyseergebnisse stellt viele Unternehmen vor ein grundlegendes Problem. Denn einerseits fehlt eine objektive Sichtweise, was dazu führt, dass man sein eigenes Tun für gar nicht so schlecht hält. Andererseits fehlt ganz einfach der Bewertungsmaßstab, an dem die Ergebnisse zu messen sind. Sind 6% Einkaufstätigkeit in der Konstruktion gut oder schlecht? Welches sind überhaupt die Kriterien, anhand derer sich ‚gut' oder ‚schlecht' bewerten lässt?

Die Bewertung des Ist-Zustandes muss sich deshalb an einem Maßstab orientieren, der entweder auf Erfahrung oder auf einem Benchmark basiert. Wenn die Erfassung eines Kundenauftrags für einen Standardartikel in einem ERP-System durchschnittlich 12,3 Minuten dauert, ist der Aufwand definitiv zu hoch, da der Benchmark hierzu bei knapp 6 Minuten liegt. (CIM Aachen bietet eine Benchmark-Datenbank. Schauen Sie doch einfach mal rein.) Diesen Benchmark kann ein qualifizierter Externer leicht über eine Reihe von Projekten bei vergleichbaren Kunden führen. Für die interne Bewertung fehlt häufig solch ein Maßstab.

Noch interessanter als die reine Quantifizierung der Verschwendung ist allerdings die Frage nach dem Warum. Die Gründe für den hohen Zeitaufwand können unterschiedlich sein: Die Mitarbeiter sind nicht ausreichend qualifiziert, Artikel- oder Kundenstamm sind nicht vollständig erfasst und müssen ‚im Prozess' nachgepflegt werden, oder die Eingabemasken sind zu umständlich konfiguriert. Die Gründe sind in der Regel vielfältig, aber schließlich kann es auch sein, dass der Ressourcenbedarf schlicht geringer ist als das zur Verfügung stehende Personal. Dann haben Sie einen Personalüberhang identifiziert.

Mit einem Schönreden der Ergebnisse ist an der Stelle keinem geholfen. Ein quantifizierter Ist-Zustand zeigt die Verschwendung gnadenlos auf und definiert, in welchem Prozess welche Potenziale vorhanden sind. Dies ist nicht unbedingt eine Aufgabe, mit der man sich im Unternehmen beliebt macht. Auch deshalb sollte darüber nachgedacht werden, sich externe Unterstützung ins Haus zu holen, die nicht nur das erforderliche Methoden-Know-how mitbringt, sondern die Situation auch objektiv bewerten kann.

Die Ergebnisse der Ist-Analyse: Was steht nun unterm Strich?

Die Ergebnisse einer professionellen Ist-Analyse spiegeln letztendlich die Potenziale wider, die sich durch das Delta zwischen Zielzustand und Ausgangssituation ergeben. Im Wesentlichen zielen sie auf Optimierungsmöglichkeiten bezüglich

- der Reduzierung von Reaktions- und Durchlaufzeiten
- eines effizienteren Ressourceneinsatz (was in der Administration in der Regel mit Personaleinsatz gleichzusetzen ist)
- der Erhöhung der Wertschöpfung durch ein besseres Verhältnis von Bearbeitungszeit zu Durchlaufzeit und
- der Reduzierung von Fehlern in der Administration.

Die Stellhebel, um diese Potenziale zu heben, sind auf übergeordneter Ebene die Aufbauorganisation, die Prozessabläufe selbst sowie die unterstützende IT.

Die strukturellen Voraussetzungen schaffen

Ehe Sie im Rahmen der Lean Administration mit der Optimierung der Prozesse beginnen, müssen die strukturellen Voraussetzungen geschaffen werden, damit die eingeleiteten Maßnahmen auch nachhaltig zur Wirkung gelangen. Die Abwicklung von C-Artikeln ist beispielsweise ein Komplexitätstreiber über alle Unternehmensprozesse hinweg. Wenn diese naturgemäß in kleinen Stückzahlen zu liefern sind, verursachen sie in der Regel einen relativ hohen Abwicklungsaufwand. Denn für die Auftragsabwicklung ist Auftrag gleich Auftrag, unabhängig von der Stückzahl. Ist der Deckungsbeitrag nicht mindestens so, dass damit ordentliches Geld verdient wird, sollte im Vorfeld eine Bereinigung stattfinden bzw. bewusst mit der Tatsache umgegangen werden, dass die C-Artikel aus anderen Gründen im Sortiment sind (Marczinski, Müller 2004). Die strukturellen Voraussetzungen beziehen sich u.a. auf

- die Produktstruktur,
- das Artikelsortiment,
- die Organisationsstruktur und
- die notwendigen Investitionen.

Vorrangiges Ziel ist es, bereits im Vorfeld die Komplexität aus den Prozessen herauszunehmen, indem das organisatorische Umfeld ,bereinigt' und die Zahl der Aufwandstreiber soweit wie möglich reduziert wird. Aufgrund der Bedeutung dieses Themas, auch in Bezug auf die Nachhaltigkeit schlanker Prozesse, wird in Kapitel 4 dieses Buches ausführlich darauf eingegangen.

Den Soll-Zustand definieren

Die Ausrichtung der zukünftigen Prozesse beginnt mit der Definition des (quantifizierten) Zielzustandes, den es zu erreichen gilt. Dies beinhaltet einerseits die strategische Ebene, andererseits operative Zielsetzungen. Auf strategischer Ebene gilt es, die Prozesse auf die Vision des Unternehmens und die daraus abgeleiteten Ziele auszurichten. Operativ gesehen geht es hingegen darum, konkrete Ziele in Bezug auf die administrativen Prozesse und Produkte zu verfolgen.

Auf Basis der definierten Zielstellung werden die Prozesse neu gestaltet. Hierzu gehören die Definition der zu erzeugenden administrativen ,Produkte', der benötigte Informationsbedarf, der Einsatz prozesstragender IT sowie die Schnittstellen zu anderen Prozessen bzw. Bereichen. Parallel dazu werden im Rahmen der Prozessgestaltung die für das Unternehmen passenden Methoden des Lean Management ausgewählt.

Ohne Ziele geht es nicht!

Die Definition der Ziele ist sicher einer der entscheidenden und in der Praxis häufig vernachlässigten Aspekte bei Lean Administration. Die Ziele leiten sich aus der Unternehmensstrategie sowie aus operativen Vorgaben ab. Die strategischen Ziele stellen eine übergeordnete Ebene dar, die allerdings auch unmittelbaren Einfluss auf die Gestaltung schlanker Prozesse haben kann. Die Ausrichtung eines Entwicklungsprozesses für einen ,Innovator' wird beispielsweise in Bezug auf wahrzunehmende Aufgaben, Geschwindigkeit und Personalauswahl anders aussehen als der Prozess eines ,Followers'. Ebenso kann eine Zielsetzung ,Gewinnen zusätzlicher Marktanteile' Auswirkungen auf die Gestaltung des Marketings und der Vertriebsprozesse haben, die bei der Prozessmodellierung und der Implementierung zu berücksichtigen sind.

Auf operativer Ebene wird sich die Motivation des Managements widerspiegeln, schlanke Prozesse in der Administration zu implementieren. Die reine Reduzierung des Personalstands kann kein Ziel sein, da vor diesem Hintergrund jegliche von den Mitarbeitern unterstützte Veränderung zum Scheitern verurteilt ist. Vom Start eines solchen ,Lean Administration-Programms' in Krisenzeiten sollte deshalb grundsätzlich Abstand genommen werden. Aber auch in ,normalen' Zeiten müssen personelle Überhänge bereits im Vorfeld bereinigt werden. Es ist durchaus legitim, im Nachgang einer solchen Bereinigung eine Lean Administration-Initiative zu beginnen, um das bestehende Mengengerüst effizienter mit weniger Ressourcen abbilden zu können. In dieser Reihenfolge wird Lean Administration niemals in den Verdacht geraten, ein reines Personalreduzierungsprogramm zu sein.

Der ideale Motivator ist ein wachsendes Geschäft, das mit derselben Personalstärke abgebildet werden soll. Gerade nach der Krise in 2009, in der viele Unternehmen sich von einem Teil der Mitarbeiter trennen mussten, war und ist es sinnvoll, das wieder ansteigende Auftragsvolumen auch in der Administration effizienter mit weniger Ressourcen zu handhaben.

Da nicht voraussehbar war, wie stabil der konjunkturelle Aufschwung sein würde, mussten die Kosten möglichst gering und weitestgehend flexibel gehalten werden. Hieraus ergab sich die Chance, nach einer personellen Anpassung die Prozesse effizienter zu gestalten.

Neben einer Steigerung der Effizienz sollten die Reduzierung von Durchlaufzeiten und die Erhöhung der Flexibilität in der Administration im Vordergrund stehen. In Zeiten globalisierter Märkte kommen viele Unternehmen nicht nur bezüglich der Kosten immer weiter in Zugzwang. ,Der Kunde ist gewohnt zu warten' ist heute keine auf langfristigen Erfolg ausgelegte Unternehmensphilosophie, so dass sich ein Unternehmen auch überlegen muss, wo seine Märkte sind und wie ,dicht' sie an den Kunden sind (es stellt sich also auch die Standortfrage!). Insbesondere wenn lange Durchlaufzeiten in der Administration entstehen und die Ware deshalb mit nicht wettbewerbsfähigen Lieferzeiten ausgeliefert wird oder einfach das Antwortzeitverhalten gegenüber dem Kunden unzumutbar ist, entsteht dringender Handlungsbedarf.

Auch die Fehlerquote der Administration sollte ein Argument für die Implementierung effizienter Prozesse sein. Das Problem ist nur, dass Fehler in Form unvollständiger Aufträge oder fehlerhafter Rechnungen häufig nicht ausreichend dokumentiert werden. Somit fehlt in der Regel die Grundlage für eine systematische Fehlervermeidung. Gerade was Fehler anbelangt, bietet der Lean Management-Baukasten eine Reihe von Methoden, um diese auch in administrativen Prozessen nachhaltig zu reduzieren. Nicht zuletzt geht es darum, mehr Transparenz in die Leistungserstellung zu bringen, um Entscheidungen nicht aus einem Bauchgefühl heraus, sondern auf Basis fundierter Fakten treffen zu können.

Bild 2-5 zeigt mögliche Ziele, die in einem Arbeitskreis von CIM Aachen für den Auftragsabwicklungsprozess erarbeitet wurden. Vorrangig geht es dabei um die gleichen Zielsetzungen wie in der Produktion. Diese müssen ,nur' adäquat auf die Administration übertragen werden.

Achten Sie darauf, dass die Anzahl der Ziele grundsätzlich in einem überschaubaren Rahmen bleibt. Natürlich wird von Lean Administration viel erwartet. Es macht jedoch keinen Sinn zu sagen, dass alle Ergebnisse ab sofort doppelt so schnell oder dreimal so gut erreicht werden müssen. Der Aufbau einer Zielpyramide ist hilfreich, um übergeordnete Unternehmensziele zu formulieren und diese spezifisch auf einzelne Abteilungen entsprechend ihres Wertbeitrags herunterzubrechen. In einem Projekt beispielsweise war das übergeordnete Ziel, eine neue Maschine zukünftig in 4 Monaten auszuliefern. Hieraus ergab sich für die Konstruktion ein Zeitfenster von 3 Wochen und für die Arbeitsvorbereitung eine Standarddurchlaufzeit von 2 Wochen etc. Im Sinne eines internen Kunden-/Lieferantenverhältnisses war jede Abteilung gefordert, ihre Termine einzuhalten, da nur so das Gesamtziel erreicht werden konnte.

Vertrieb	Abwicklung	Versand	Buchhaltung
Umsatz, DB, Globale Präsenz, FW-Bestände, …	Termintreue, Gewicht pro LS-Position, …	Transport-kosten pro LS-Position, …	Wert OP-Liste, Ø Zahlungs-eingang …

kurze Durchlaufzeiten
geringe Bestände
effizienter Personaleinsatz
geringe Fehlerquote
Einhaltung definierter Standards

Bild 2-5: Ziele der Lean Administration – hier am Beispiel Auftragsmanagement

Ein Ziel muss quantifizierbar sein

Die Quantifizierung der Ziele ist nicht trivial, weil die Ausgangssituation häufig unbekannt ist. Oft ist es eben nur jenes Bauchgefühl, das einem sagt, dass zu viele Zeichnungen nachgearbeitet werden oder dass die Kommissionierliste zu oft unvollständig ist. In einer Reihe von Prozessen ist die Vorgabe von Zielen jedoch auch ohne Bekanntsein des Ausgangszustandes sinnvoll. Marktgetriebene Anforderungen sind beispielsweise grundsätzlich zu erfüllen, unabhängig davon, wie die aktuelle Ist-Situation aussieht. Beispiel: Eine Auftragsbestätigung sollte immer in ‚x' Tagen beim Kunden sein, eine Rechnung ist immer fehlerfrei auszustellen. Bei anderen Zielen hingegen sollte zunächst die Ausgangssituation bekannt sein, um auf dieser Basis sukzessive Verbesserungen zu erzielen. Achten Sie darauf, die Messlatte nicht von Anfang an zu hoch zu legen und damit die Mitarbeiter zu demotivieren. Dies betrifft beispielsweise den First Pass Yield (‚Geradeauslauf') als Fehlermaßstab für die Konstruktion oder den Flussfaktor einer Einkaufsbestellung.

Prozesse verschwendungsfrei gestalten

Die verschwendungsfreie (Neu-)Gestaltung administrativer Prozesse auf Basis der zu erreichenden Ziele hat dann Aussicht auf Erfolg, wenn zwei zentrale Prämissen berücksichtigt werden. Eine Voraussetzung ist, den Blick über den Tellerrand zu richten und auch einmal neue Wege zu gehen. Ein Beispiel ist die Implementierung eines Launch-Managements in der Halbleiterindustrie. Das Launch-Management ist in der Automobilindustrie weit verbreitet und sichert einen systematischen Übergang von der Entwicklung zur Serienproduktion (Schawel, Billing 2009, Pehl 2004). Wenn die Halbleiterbranche dadurch gekennzeichnet ist, dass der Markterfolg signifikant vom Treffen eines definierten Markteintrittsfensters abhängt, stellt sich grundsätzlich die Frage, warum ein Launch-Management nicht auch in dieser Branche zielführend eingesetzt werden kann.

Andererseits geht mit der Einführung neuer Prozesse immer einher, dass sich die Mitarbeiter von liebgewonnenen Prozeduren aus der Vergangenheit verabschieden müssen. Unabhängig von 'lean' ist dies bei jedem Business Process Reengineering ein grundsätzlich zu beachtender Aspekt (Hammer, Champy 1998). Deshalb macht es auch Sinn, bei den Mitarbeitern mit gezielten Aktionen eine Aufbruchstimmung zu erzeugen. Die Erfahrung zeigt, dass es gerade vor dem erwähnten Hintergrund Sinn macht, die Mitarbeiter in die Prozessgestaltung einzubinden. Erfolgreich wird man dann sein, wenn es gelingt, die Mitarbeiter durch 'intelligente Moderation' von alleine auf neue Wege zu lenken. Solche 'Kreativ-Workshops' müssen jedoch gut vorbereitet sein und sollten sich an die jeweiligen Entscheidungsträger (process owner) wenden.

Die eigentliche Prozessoptimierung starten

Wie die Prozesse im Einzelnen zu optimieren sind und welche Methoden des Lean Management wirkungsvoll zum Einsatz kommen, hängt letztendlich vom Einzelfall ab. Die grundsätzlichen Ansatzpunkte und Regeln, wie administrative Prozesse dennoch deutlich und vor allem nachhaltig zu verschlanken sind, werden ausführlich in Kapitel 5 beschrieben.

2.2 Aller Anfang ist schwer: Worauf Sie achten sollten

Ziele kommunizieren

Die offene Kommunikation der Erwartungshaltung bezieht sich bei der Implementierung der Lean Management-Philosophie auch oder gerade auf die damit verbundenen Ziele. Es geht darum, die Mitarbeiter nicht nur über den beabsichtigten Wandel zu informieren, sondern ihnen auch ein konkretes Bild über den Zielzustand zu vermitteln. Dies kann auf unterschiedliche Art und Weise erfolgen.

! Es empfiehlt sich in jedem Fall eine offizielle Informationsveranstaltung, bei der sich das Top-Management offen verpflichtet.

Die Beachtung durch das Management, die so genannte Management Attention, ist grundsätzlich ein wesentlicher Erfolgsfaktor und sollte deshalb von Anfang an ernst genommen werden. Als hilfreich haben sich in der Praxis unterstützende Maßnahmen erwiesen, beispielsweise in Form von Handouts. Sie beschreiben die beabsichtigte Zielsetzung und die Vorgehensweise noch einmal im Detail und erfüllen den Zweck einer Pressemitteilung. Schließlich sollen alle Mitarbeiter informiert werden, und da ist selbst auf administrativer Ebene nicht sichergestellt, dass alle Kollegen auf Anhieb jede Kennzahlendefinition verstehen. Und es wird ‚stille Post' vermieden, wenn mündliche Erklärungen ebenso mündlich weitergetragen werden. Das Handout gibt den Mitarbeitern die richtigen Formulierungen an die Hand, die im Sinne der Unternehmensführung im Unternehmen verbreitet werden. (Am Rande bemerkt: Gerade auf administrativer Ebene eignet sich die Kommunikation über das Intranet. Dies birgt allerdings immer die Gefahr, dass eine direkte Ansprache ‚face to face' der Information über das Netz zum Opfer fällt, was sicher nicht zielführend sein wird.)

Mitarbeiter qualifizieren: Verschwendung aufzeigen

Die erforderliche Qualifikation der Mitarbeiter ist grundsätzlich in zwei Stoßrichtungen anzusetzen. Es geht darum, einem ausgewählten Mitarbeiterkreis das notwendige Methoden-Know-how zu vermitteln, mit dem sie mittelfristig alle Aktivitäten selbstständig durchführen können. Erfahrungsgemäß ist es aber zunächst wichtiger, den Mitarbeitern die Verschwendung in der Administration erst einmal vor Augen zu führen.

Grundlage sind die acht Verschwendungsarten, die aus der Produktion bekannt sind. Diese müssen den Mitarbeitern anhand anschaulicher Beispiele nahegebracht werden, damit diese die Verschwendung um sie herum auch tatsächlich sehen. Mike Rother, Lean Management-Guru der University of Michigan, nennt dies in seinem gleichnamigen Buch ‚Learning to see' – sehen lernen (Rother, Shook 1999, Ohno 1993).

Informationsüberfluss (Überproduktion)

Informationsüberfluss stellt heute in allen Unternehmen eine wesentliche Form der Verschwendung dar. Mitarbeiter, die Informationen erzeugen (die niemand benötigt), binden ihre eigenen Kapazitäten. Und Empfänger verarbeiten Informationen, die sie nicht interessieren. In Zeiten moderner IT-Systeme ist die ‚Melden-macht-frei'-Mentalität leider zur gelebten Praxis geworden. Typische Beispiele sind Reports aus dem Controlling oder wenig aussagekräftige Vertriebsstatistiken. Ganz oben bei solch einer Verschwendungsstatistik steht sicherlich der E-Mail-Verkehr. Erschwerend kommt hinzu, dass sich aufgrund eines viel zu großen Verteilerkreises letztendlich niemand verantwortlich fühlt und eventuell wirklich wichtige Inhalte unberücksichtigt bleiben (Marczinski 1995).

Informationsüberfluss lässt sich zunächst einmal dadurch vermeiden, dass eindeutig festgelegt wird, wer wirklich ‚Kunde' der Information ist. Gibt es keinen Kunden, ist die Information grundsätzlich überflüssig. Des Weiteren ist festzulegen, ob der Kunde die Information zur Herstellung seiner administrativen Produkte wirklich benötigt. Ist dies nicht der Fall, ist die Information ebenfalls überflüssig. Die konkrete Festlegung der Informationsbedarfe wird deshalb am besten über eine RACI-Matrix dokumentiert. Dieses Akronym steht für responsible, accountable, consulted, informed. Mit Hilfe einer solchen Matrix wird für einen Prozess definiert, wer verantwortlich zeichnet, beratend involviert oder zu informieren ist.

Unnötiger Informationstransport

Unnötigen Informationstransport sollte es in Zeiten moderner IT-Systeme eigentlich nicht mehr geben. Denkt man. Aber wenn man den Mitarbeitern einmal vor Augen führt, was hierunter alles zu verstehen ist, wird schnell klar, dass dies auch in ihrem Unternehmen gängige Praxis ist. Denken Sie an Auftragslisten, bei denen der bestätigte Liefertermin in die Fertigungssteuerung zur Kontrolle und Überarbeitung gegeben wird. Ebenso sind das manuelle Durchlaufen von Autorisierungsketten oder das Abschreiben des Maschinenlogbuchs durch die Fertigungssteuerung typische Beispiele unnötigen Informationstransports. Prinzipiell wird dieser Aspekt mit den Ansätzen zur Vermeidung von Informationsüberfluss adressiert. Eine deutliche Effizienzsteigerung ergibt sich darüber hinaus durch den konsequenten Einsatz prozesstragender IT-Systeme, beispielsweise durch die Einrichtung intelligenter Workflows sowie durch die Implementierung einer prozessorientierten Organisation.

Unnütze Wege

Während der Informationstransport die Bewegung der Information selbst bedeutet, bezieht sich die Verschwendungsart ,unnütze Wege' auf die nicht notwendige Bewegung von Mitarbeitern. Hierzu gehört das Suchen von physisch abgelegten Dokumenten ebenso wie das Aufsuchen anderer Abteilungen, um ,schnell mal was zu holen' oder das Suchen von Büromaterial. Interessant kann in diesem Zusammenhang die Erstellung so genannter ,Dancing Charts' (Wegediagramme) sein, bei denen die Wege der Mitarbeiter aufgezeichnet werden. Diese Methode zeigt sowohl Potenziale für die Organisation des eigenen Arbeitsplatzes auf, beispielsweise im Rahmen von 5S-Maßnahmen, als auch für die bereichsübergreifende Kommunikation.

Die konsequente Vermeidung dieser Verschwendungsart ist jedoch grundsätzlich mit Vorsicht zu genießen. Zwar macht es Sinn, wenn der Mitarbeiter während seiner Arbeit nicht permanent aufspringen muss. Sowohl der Erfahrungsaustausch mit anderen Bereichen als auch die zwischenmenschliche Ebene sind jedoch keinesfalls grundsätzlich zu unterbinden. Bestes Beispiel sind die Konstrukteure, die noch nie in die Fertigung gehen mussten und deshalb leider auch keine Ahnung von den Problemen der Produktion bei der Umsetzung ihrer Zeichnungen haben. Um dem entgegenzuwirken, eignen sich neben der prozessorientierten Organisation beispielsweise so genannte Meeting Points, über die der Prozess der bereichs- bzw. prozessübergreifenden Kommunikation gerichtet wird. Solche Meeting Points sind vergleichbar mit Kommunikationszentren in der Produktion und können durchaus auch einen Kaffeeautomaten, einen Stehtisch und Informationsaushänge enthalten. Idealerweise wird durch das Selbstverständnis der Mitarbeiter gewährleistet, dass solche Meetings nicht zum ausführlichen Kaffeeklatsch missbraucht werden.

Warte- und Liegezeiten

Warte- und Liegezeiten werden im Unternehmen in erster Linie durch zu volle Eingangsfächer oder eine schlechte Termintreue (sofern diese gemessen wird) offensichtlich. Sie lassen sich auf unterschiedliche Ursachen zurückführen. Dazu gehören Störungen im Prozessfluss, wenn eine vorgelagerte Abteilung nicht zum benötigten Termin fertig ist und deshalb ‚Leerlauf' entsteht. Dies beinhaltet aber ebenso Liegezeiten, die durch die Nichteinhaltung von FIFO (first in first out) entstehen, oder Wartezeiten, die auf einen wenig entscheidungsfreudigen Vorgesetzten zurückzuführen sind. Nicht zuletzt entstehen Wartezeiten in der Administration durch die Nichtverfügbarkeit der IT oder durch technische Ausfallzeiten sonstiger Bürogeräte. Warte- und Liegezeiten anzugehen ist in der Regel schwierig, weil deren Ausmaß so gut wie kaum bekannt ist und Durchlaufzeiten nicht gemessen werden. Aufgrund der unterschiedlichen Ausprägungen dieser Verschwendung ist es deshalb wichtig, die Ursachen eindeutig zu identifizieren.

Zu aufwändige Prozesse

Im Rahmen der Prozessanalyse wird Verschwendung durch zu aufwändige Prozesse offensichtlich. Sobald zu viele Bereiche in einen Prozess involviert sind, die IT nicht gemäß ihren Möglichkeiten genutzt wird oder Medienbrüche vorhanden sind, durch die Doppelarbeiten entstehen, liegt die Verschwendung offen auf der Hand. Ineffiziente Prozesse sind in den meisten Unternehmen der mit Abstand größte Verschwendungsfaktor und deshalb von zentraler Bedeutung. Ein gutes Beispiel sind Bestellungen, die über das Internet das Unternehmen erreichen, ausgedruckt und dann wieder im ERP-System erfasst werden, um anschließend wieder eine Auftragsbestätigung auszudrucken und per Post zu versenden. Über eine Analyse werden solche Potenziale eindeutig quantifiziert und adressiert. Um die Prozesseffizienz zu steigern, gibt es eine Vielzahl von Ansätzen. Sie werden in Kapitel 5 ausführlich beschrieben.

Bestände

Bestände in der Administration sind eigentlich kein großes Thema, solange man dies auf den klassischen Aspekt des Büromaterials bezieht. In der Praxis sind bislang wohl nur sehr wenige Unternehmen deswegen bankrott gegangen, weil sie zu viele Bleistifte oder zu viel Papier gelagert hatten. Viel schlimmer sind die nicht direkt sichtbaren Bestände der Administration wie nicht bearbeitete Kundenaufträge oder angearbeitete Konstruktionszeichnungen. Diese Bestände sind deshalb so gefährlich, weil sie häufig in den jeweiligen IT-Systemen versteckt und dafür verantwortlich sind, dass ein Prozess nicht ‚fließt'. Es kommt hinzu, dass Bestände (ebenso wie physische Lagerbestände) unmittelbar cash flow-wirksam sein können, wenn beispielsweise Rechnungen im Bestand sind, die noch nicht an den Kunden verschickt wurden.

Bestände können jedoch wie in der Produktion durch geeignete Maßnahmen reduziert werden, indem Sie die zu erledigenden Arbeiten intelligent einsteuern (beispielsweise durch eine ‚frozen zone'), die zu erstellenden Produkte limitieren oder das Prinzip FIFO im Prozessablauf einhalten. Sie können aber auch eine volumenflexible Organisation aufstellen, in der die Bearbeitung schwankender Mengengerüste in einem bestimmten Maß möglich ist.

Fehler

Das Problem administrativer Fehler liegt darin, dass es in den meisten Unternehmen in der Administration keine Qualitätssicherung gibt, die diese systematisch aufdeckt, auch wenn es beispielsweise mit 6-Sigma durchaus eine Methode gibt, mit der solche Fehlerquoten systematisch gemessen werden (Harry, Schroeder 2000; Pyzdek, Keller 2009). Wenn in der Produktion zu Recht die Maßgabe gilt, dass Qualität nicht in ein Produkt hineinzuprüfen, sondern hineinzuproduzieren ist, gilt dies stillschweigend schon längst für die Administration. Fehler in der administrativen Abwicklung kommen nicht nur in der Bilanzhülle des eigenen Unternehmens vor (denken Sie an Fehler in der Konstruktionszeichnung, im Arbeitsplan etc.), sondern auch im Außenverhältnis gegenüber Kunden, Lieferanten etc.

Eine Fehlerschwerpunktanalyse hilft, zunächst die wichtigsten Fehler und deren Ursachen zu identifizieren. Beispielhaft sei ein Anlagenbauer erwähnt: Er musste durchschnittlich nicht weniger als neun Nachlieferungen für seine bereits versendeten Anlagen organisieren mit der Folge, dass zusätzliche Kosten für Transport, Zoll und die Mitarbeiter für die Inbetriebnahme vor Ort entstanden. Eine beispielhafte Fehleranalyse für einen Anlagentyp im Rahmen eines Versandworkshops zeigte, dass die Stückliste nicht vollständig war und keine standardisierten Packlisten existierten. Erhebliche Effekte brachte das organisierte ‚Miteinanderreden' von Versandpersonal und Monteuren. Geeignete Gegenmaßnahmen lassen sich durch die Definition geeigneter Übergabespezifikationen, den sinnvollen Einsatz von Poka Yoke oder natürlich durch Mitarbeiterschulungen einleiten.

Nicht dokumentiertes Wissen der Mitarbeiter

Neben ineffizienten Prozessen ist die größte Verschwendung überhaupt (die interessanter Weise bei den klassischen 7 Verschwendungsarten des Lean Management nicht enthalten ist) das ‚freie', das nicht dokumentierte Wissen der Mitarbeiter. Verschwendung entsteht, weil die Organisation nicht weiß, was sie weiß (Billing 2007). Aufgrund von Nichtwissen wird das Rad neu erfunden, und es werden Fehler gemacht, die zuvor schon andere Kollegen begangen haben. Die Dokumentation von Wissen sowie die Implementierung von Standards sind ein wenig geliebtes, aber sehr effektives Instrumentarium, um Verschwendung zu vermeiden. Dies kann beispielsweise durch die Implementierung eines unternehmensinternen

‚Wiki' erfolgen, in dem die Mitarbeiter ihre Erfahrungen und ihr Wissen dokumentieren. Die Kunst besteht allerdings darin, sie zu motivieren, ihr Wissen preiszugeben und mit anderen zu teilen.

Weil die Sichtweise neu ist: Mitarbeiter sensibilisieren

Da es sich bei Lean Administration um eine vollständig neue Sichtweise auf die Prozesse handelt, macht es Sinn, die Mitarbeiter frühzeitig dafür zu sensibilisieren. Dies kann beispielsweise in Form eines ‚waste walk' im eigenen Unternehmen mit einem erfahrenen Trainer geschehen. Die Idee ist, den Mitarbeitern zunächst anhand pragmatischer Beispiele die wesentlichen Verschwendungsfaktoren der Administration nahezubringen. Bei dieser Gelegenheit lässt sich auch sehr schön zeigen, welches die Produkte der Administration sind und was ‚Wertschöpfung ist Wertschätzung durch den Kunden' in der Praxis bedeutet. Anschließend wird im eigenen Unternehmen ein administrativer Prozess beispielhaft auditiert und Verschwendung aufgezeigt. Die Mitarbeiter lernen so, die Verschwendung, die sie tagtäglich vor Augen haben, auch tatsächlich zu sehen. Grundsätzliche Prozessprobleme kommen beim waste walk zwar nicht zwingend ans Tageslicht, es gelingt jedoch in der Regel immer, den Mitarbeitern eine Vorstellung der vorgegebenen Zielsetzung zu vermitteln und sie für das Thema Lean Administration zu sensibilisieren. Hilfreich ist auch, zu einem sehr frühen Zeitpunkt Multiplikatoren im Unternehmen zu finden, die den Gedanken Lean Administration weiter verbreiten. Multiplikatoren sind für den Erfolg eines solchen Wandels unerlässlich, da das Top-Management alleine nicht auf Dauer den Vorreiter spielen kann. Multiplikatoren sind idealer Weise auch Motivatoren, die andere Mitarbeiter, einschließlich der ‚Haftschicht', mitreißen und sie vom Sinn der neuen Philosophie überzeugen können.

Schnelle Erfolge erzielen: Pilotbereich auswählen

Ein pragmatischer Start wird durch die Auswahl eines Pilotbereiches erreicht. Gerade am Anfang werden ‚Bedenkenträger' mit Argusaugen das Geschehen beobachten und auf erste Misserfolge förmlich warten. Umso wichtiger ist es, durch schnelle Erfolge die Mitarbeiter auf Kurs zu halten und zum weiteren Vorgehen zu motivieren. In dem Pilotbereich sind idealerweise Multiplikatoren identifiziert worden, die die Idee vorantreiben und selbstständig fortführen. Ein (idealer) Pilotbereich ist nicht zu komplex und umfasst nur wenige Bereiche bzw. Prozesse, so dass Quick Wins von vornherein absehbar sind und sich mit überschaubarem Aufwand realisieren lassen. Aus den genannten Gründen ist es ratsam, mit einfachen bzw. überschaubaren Teilprozessen im Bereich der Auftragsabwicklung oder des Einkaufs zu beginnen, die gut voneinander abgrenzbar sind und bei denen sich die ‚Produkte der Administration' eindeutig definieren lassen. Grundlegender Gedanke beim Start mit einem Pilotbereich ist es, die Aktivitäten anfangs zu bündeln und durch kurzfristige Erfolge in Bezug auf Durchlaufzeit, Qualität oder Ressourcenproduktivität andere Unternehmensbereiche zum ‚Mitmachen' zu motivieren.

Aufbruchstimmung erzeugen

Nachdem die Mitarbeiter die Ziele kennen, warten sie gespannt, was nun passiert. Auf keinen Fall darf nun eine längere Pause oder ein unmotivierter Anfang folgen. Jetzt heißt es, nach vorne zu marschieren, Dinge anzupacken und etwas zu bewegen. Deshalb eignet sich zu Beginn kaum etwas besser als eine geplante 5S-Aktion im ausgewählten Pilotbereich.

5S: Büro aufräumen – aber richtig!

5S ist eine Methode des Lean Management und entstammt dem Japanischen. Es steht für Seiri (aussortieren), Seiton (das, was gebraucht wird, übersichtlich anordnen), Seiso (gründlich reinigen), Seiketsu (die Sauberkeit bewahren) und Shitsuke (diese Standards mit Selbstdisziplin aufrechterhalten). Die konsequente Anwendung von 5S auf einen durchschnittlichen Büroarbeitsplatz hat signifikante Auswirkungen, insbesondere wenn sich dies nicht auf die physische Ablage reduziert, sondern auch Datenstrukturen in den Tiefen der IT umfasst. Das

Bild 2-6: Motivierende Arbeitsatmosphäre?

Aussortieren nicht mehr benötigter Unterlagen ist noch die einfachste aller Übungen, auch wenn es vielen Mitarbeitern schwer fallen wird, sich von ‚liebgewonnenen Akten' oder ‚vielleicht mal wieder benötigten Daten-Back ups' zu verabschieden.

Mit dem übersichtlichen Sortieren und dem Reinigen der tatsächlich benötigten Sachen ist vielen Schreibtischen auch schon wirklich geholfen. Die Nachhaltigkeit wird jedoch erst durch das Schaffen intelligenter Standards sichergestellt. Dies ist deshalb schon etwas aufwändiger, weil nun das ‚Denken' anfängt. Wie sieht eine intelligente Datei-Struktur auf dem Server aus, damit diese möglichst selbsterklärend für jeden Mitarbeiter ist? Und wie kompatibel ist diese zur physischen Struktur der immer noch benötigten Papierablage? Wo wird Büromaterial gelagert, und durch welches Verfahren wird sichergestellt, dass immer alles in ausreichender Menge verfügbar ist? (Bleistifte im Kanban-Verfahren zu verwalten, ist übrigens nicht verboten, reicht aber als alleinige Maßnahme nicht aus, um sich Lean Administration auf die Fahne zu schreiben.) Auf diese Fragen gilt es Antworten zu finden und diese zum Standard zu erheben. Dazu ist es sinnvoll, insbesondere zu Beginn einen Verantwortlichen zu benennen, der diese Standards auch tatsächlich durchsetzt. Denn die Selbstdisziplin im letzten Schritt lässt in Europa im Gegensatz zur japanischen Mentalität oft zu wünschen übrig.

Um nun wirklich eine Aufbruchstimmung zu erzeugen, können insbesondere die ersten drei Schritte in Form eines Happenings mit Management und ‚betroffener' Abteilung veranstaltet werden. Wenn sich das Management als Mentor und nicht als Ankläger versteht, ist der Erfolg eines solchen Termins meist vorprogrammiert.

Dem Besprechungswahnsinn ein Ende bereiten

Ein weiterer wirksamer Start in die Lean Administration, der zumindest von den meisten Mitarbeitern dankend angenommen wird, ist das Überarbeiten der vorhandenen ‚Besprechungskultur'. In vielen Unternehmen fällt den Mitarbeitern zu Besprechungen folgendes ein: Es gibt viel zu viele; sie dauern zu lange; es gibt keine Agenda (und meistens auch kein Ziel); die Entscheidungsträger fehlen, dafür gibt es genug Beisitzer; es kommen immer dieselben Mitarbeiter zu spät und das Ergebnis entspricht in keiner Weise dem Aufwand (wenn denn überhaupt eines erzielt wird).

Der Zeitaufwand für Besprechungen lässt sich beispielsweise mit der Tätigkeitsstrukturanalyse eindeutig erfassen, kann zu Beginn aber auch separat ermittelt werden. In den meisten Unternehmen gibt es die so genannten Routinen, d.h. periodisch wiederkehrende Besprechungen wie eine Produktionsbesprechung oder eine Abteilungsleiterbesprechung sowie ‚spontane Zusammenkünfte', die gerne dadurch entstehen, dass Aufträge wieder einmal verspätet sind, Material fehlt oder die Reklamationsquote bei einem A-Kunden ins Uferlose steigt. So verbrachte in einem Beratungsprojekt von CIM Aachen beispielsweise der QS-Leiter eines Automobilzulieferers 46% seiner Zeit in Besprechungen. Diese setzen sich aus 11 zeitgesteuerten Routinen und durchschnittlich 4 ereignisgesteuerten Sitzungen zusammen. Die Tätigkeit ‚Personalführung', also das Führen wichtiger Mitarbeitergespräche, ist hierin noch nicht berücksichtigt. Im schlimmsten Fall finden diese auch gar nicht statt, da einfach keine Zeit mehr bleibt. Natürlich ist es Aufgabe eines QS-Leiters, zu kommunizieren, und für viele Unternehmen ist dies auch eine sehr zentrale Funktion. Wenn aber von einer durchschnittlichen 50-Stunden-Woche 24 Stunden in Besprechungen verbracht werden, sind Effektivität und Effizienz der Tätigkeit bzw. der Besprechungen grundsätzlich in Frage zu stellen.

Aus den o.g. Problemen lassen sich die Ansatzpunkte für eine verschwendungsfreie Besprechungskultur unmittelbar ableiten. Der erste Ansatzpunkt zielt auf die Effektivität. Es gilt zu hinterfragen, ob die Besprechungen überhaupt notwendig sind, ob sich der Turnus der Veranstaltung reduzieren lässt und ob die eigene Teilnahme wirklich erforderlich ist. Erfahrungsgemäß lässt sich die Teilnahme an Besprechungen auf Abteilungsleiterebene um ca. 20-25% reduzieren, wobei es in den meisten Fällen Sinn macht, einen Teil dieser gewonnenen Zeit wieder in die Personalführung zu investieren. Im nächsten Schritt wird durch das Schaffen von Standards die Effizienz der Besprechungen gesteigert. Hierzu gehören als absolutes Muss: Es gibt (immer!) ein Ziel, eine darauf abgestimmte Agenda mit Zeitplan, einen definierten Teilnehmerkreis, einen Einladenden, der gegebenenfalls gleichzeitig der Moderator ist, idealer Weise eine Entscheidungsvorbereitung sowie ein ergebnisdokumentierendes Protokoll.

Während die beschriebenen Punkte in erster Linie auf die Effizienz von Vorbereitung und Durchführung der Besprechung zielen, ist der andere Aspekt die Durchsetzung einer entsprechenden Sitzungskultur. Maßnahmen wie Pünktlichkeit, Vertretungsregelung, ausgeschaltete Handys etc. sind zwar selbstverständlich. In den meisten Fällen liegt das Problem jedoch nicht beim Aufstellen der entsprechenden Regeln, sondern in mangelnder Disziplin – insbesondere, wenn der Moderator nicht gleichzeitig Vorgesetzter ist und diesen darauf hinweisen muss, beim nächsten Mal doch bitte pünktlich zu erscheinen. Aber zumindest beim Schaffen einer Aufbruchstimmung wird das sicher nicht gleich der Fall sein.

In Kapitel 3 werden nun die administrativen Prozesse abgegrenzt.

Kapitel 3
Prozesse abgrenzen
Die administrativen Prozesse im Industriebetrieb

Die Prozess- und Produktdefinition ist der zentrale Schlüssel zur Optimierung der Administration. Erst wenn ein klares Bild vorliegt, kann die Effizienz der Teppichetagen tatsächlich gemessen und bewertet werden.

3.1 Wertschöpfung definieren: Die Prozesslandkarte

Wer die Verschwendung in seinen administrativen Unternehmensprozessen identifizieren will, muss sich zunächst ein Bild davon machen, welche Tätigkeiten in welchen Prozessen bzw. Unternehmensbereichen durchgeführt werden, welche Aktivitäten davon wertschöpfend und welche nicht wertschöpfend sind.

Die Definition der Wertschöpfung als Wertschätzung durch den Kunden hilft zu erkennen, wofür der externe Kunde bereit ist, zu zahlen und wofür nicht (zum Beispiel in vielen Fällen für die Leistungen der internen ‚Lean Teams‘). Den Kunden interessiert ‚lediglich‘ das Ergebnis der Bemühungen, und das sind Qualität, Kosten und Termintreue. Ebenso wie bei einem physischen Enderzeugnis erwartet der Kunde auch bei einer Auftragsbestätigung oder einer Rechnung ein fehlerfreies Produkt und eine termingerechte Lieferung.

Noch viel mehr als beim physischen Enderzeugnis zählt bei Lean Administration jedoch die interne Kunden-/Lieferantenbeziehung. So werden eine Stückliste, ein Arbeitsplan oder ein Lohnschein nie oder nur in seltenen Fällen einen Endkunden erreichen. Für die nachgeschaltete Abteilung sind sie allerdings unabdingbar, um ihrerseits effizient arbeiten und termintreu das von ihnen geforderte Ergebnis abliefern zu können. Genau das ist in vielen Unternehmen ein zentrales Problem der Administration. Ein ‚funktionierendes‘ Kästchen- und Abteilungsdenken lässt Prozessdenken erst gar nicht entstehen. Der eigentliche Kunde, sprich die nächste Abteilung, ist für viele Abteilungsleiter oft weiter weg als der tatsächliche Endkunde. Fragen Sie doch mal die Konstruktion, wer ihr Kunde ist. Sagt Ihnen Ihr Konstrukteur, dass dies die Fertigung ist, die die Zeichnung nutzt?

Allerdings sind gerade prozessorientiertes Denken und Handeln Grundvoraussetzung für Lean Management. Das gilt in der Produktion genauso wie in der Administration. Erst durch einen Prozess wird es möglich, eine ‚Produktion-im-Fluss‘ zu erzeugen, Durchlaufzeiten zu reduzieren und Wertschöpfung zu erhöhen. Eine funktional aufgebaute (administrative) Organisation lässt sich auf diese Weise mit einer werkstattorientierten Fertigung vergleichen, in der eine Produktion-im-Fluss kaum bzw. nur mit erheblichem Aufwand möglich ist. Eine prozessorientierte Organisation entspricht hingegen schon eher dem Ideal einer hochproduktiven Linienfertigung.

In der Lean Administration basiert der Grundgedanke der Prozessorientierung auf der Vermeidung von Verschwendung. Ein funktionierender Prozess ist Voraussetzung für den One Piece Flow, mit dem der Aufbau von Beständen vermieden und kurze Durchlaufzeiten sichergestellt werden. Die funktionale Integration der am Prozess beteiligten Bereiche stellt sicher, dass die richtigen Produkte zur richtigen Zeit hergestellt werden, und durch eine räumliche Zusammenlegung einzelner Funktionen werden Transport- und Liegezeiten vermieden.

Prozessorientiertes Denken setzt nicht zwingend eine prozessorientierte Organisation voraus, wohl aber, dass man sich geistig mit den Prozessen im Unternehmen auseinandersetzt. In der Praxis erfolgt dies mit dem Erstellen einer Prozesslandkarte, die unternehmensspezifisch

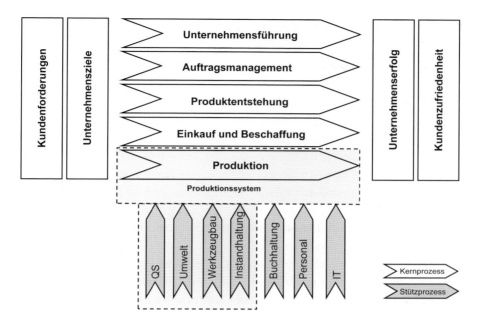

Bild 3-1: Mit einer Prozesslandkarte werden die administrativen Prozesse im Industriebetrieb beschrieben

alle Kern- und Stützprozesse im Unternehmen beschreibt. Die Prozesslandkarte ist nicht deswegen von grundlegender Bedeutung, weil die DIN ISO 9000 ff. sie fordert, sondern weil sie das Unternehmen zwingt, nicht nur Kernaussagen zu den Abläufen im Unternehmen sowie den benötigten Eingangsinformationen zu treffen, sondern auch zu den Prozessergebnissen (den ‚Produkten‘), worauf ich in Abschnitt 3.6 noch ausführlich eingehen werde. Voraussetzung für eine wirksame Prozesslandkarte ist, dass diese bzw. das gesamte QM-System kein ‚Papiertiger‘, sondern gelebte Praxis ist.

Zu einer vollständigen Prozesslandkarte im Unternehmen gehören die Unternehmensführung, die Kernprozesse sowie die Stützprozesse (siehe Bild 3-1).

Die Prozesse im Unternehmen dienen dazu, auf Basis bekannter Kundenanforderungen und formulierter Unternehmensziele Kundenzufriedenheit und unternehmerischen Erfolg zu erzielen. Gerade das Bewusstsein um die Kundenanforderungen und Unternehmensziele sind nicht nur aus Sicht der Lean Administration ein wesentlicher Parameter für unternehmerischen Erfolg.

3.2 Die administrativen Prozesse

Zu den administrativen Prozessen gehören alle Vorgänge in einem Unternehmen, die den Verkauf und die eigentliche Herstellung eines physischen Enderzeugnisses unterstützen. Als ‚physisches Enderzeugnis' wird in diesem Zusammenhang die Ware definiert, die ein Kunde gegen Bezahlung erwirbt. Zu den operativen Prozessketten der Administration, die unmittelbar für die Erstellung und Veräußerung eines physischen Enderzeugnisses notwendig sind, gehören:

- Angebotserstellung (Demand-to-Order) / Auftragsmanagement (Order-to-Cash),
- Produktentstehung (Concept-to-Launch),
- Einkauf und Beschaffung (Purchase-to-Pay).

Wertschöpfend im Sinne des internen Kunden-/Lieferantenverhältnisses sind aber auch Prozesse und Tätigkeiten der Administration, die primär der internen Steuerung dienen und für den Endkunden keinen unmittelbaren Mehrwert besitzen. Hierzu gehören:

- Qualitätsmanagement (QM),
- Human Resources (HR),
- produktionsnahe Stützprozesse (Instandhaltung, Werkzeugbau etc.) sowie
- Controlling und
- IT.

Die Notwendigkeit für die Effizienz administrativer Prozesse lässt sich am Beispiel des Forderungsmanagements aufzeigen. In Zeiten sinkender Zahlungsmoral ist es wichtig, Forderungen frühzeitig und vollständig zu stellen. Das Problem ist jedoch, dass diese zum Teil erst nach kompletter Lieferung gestellt werden können, zu der beispielsweise auch eine vollständige Dokumentation gehört. In der Praxis heißt das, dass die Ware schon längst an den Kunden ausgeliefert wurde, aber auf Grund mangelnder Dokumente noch keine Abschlussrechnung gestellt werden kann. Die Gründe liegen in einer unzureichenden Planung im Vorfeld oder einer mangelhaften Abstimmung zwischen den beteiligten Unternehmensbereichen. Vor dem Hintergrund, den Cash flow zu sichern, hat das Forderungsmanagement in einigen Branchen (z.B. Anlagenbau) eine wesentlich höhere Bedeutung als beispielsweise die Mitarbeiterproduktivität.

Das Auftragszentrum: Beispiel für Prozessorientierung

Das einfachste Beispiel einer prozessorientierten Organisation ist das Auftragszentrum, in dem alle Funktionen vereint sind, die für den Prozess ‚Auftragsmanagement' erforderlich sind. Je nach Ausprägung bzw. abzuwickelnden Tätigkeiten gehören hierzu die Auftragserfassung, die Disposition, die Arbeitsvorbereitung, die Fertigungssteuerung und gegebenenfalls sogar die Zeichnungsänderung. Durch das räumliche Zusammenlegen dieser Funktionen werden für den Prozess kurze Entscheidungswege und eine hohe Reaktionsfähigkeit, insbesondere gegenüber dem Endkunden, sichergestellt.

Gleichzeitig wird die Produktivität der Arbeit gesteigert, indem die im Auftragszentrum notwendigen Aufgaben besser auf die vorhandenen Ressourcen aufgeteilt werden können. So kann beispielsweise ein erforderlicher Tätigkeitsinhalt von 2,7 Mannjahren Auftragsabwicklung, 1,4 Mannjahren Disposition, 1,6 Mannjahren Arbeitsvorbereitung, 1,8 Mannjahren Fertigungssteuerung und 0,9 Mannjahren Zeichnungsänderung unter Berücksichtigung von Urlaub und Krankheit sinnvoll auf 9 Mitarbeiter aufgeteilt werden anstatt in allen Bereichen jeweils das ganze Vielfache einzusetzen und 12 Mitarbeiter zu beschäftigen.

Den Prozess Auftragsmanagement zum Fließen bringen

Um den Prozess ‚Auftragsmanagement' zum Fließen zu bringen, muss der erforderliche Aufwand je Prozessschritt gleichmäßig auf die zur Verfügung stehenden Ressourcen aufgeteilt werden. Hierzu ist, genau wie in der Produktion, eine Prozessaustaktung erforderlich, in deren Rahmen der Kundentakt für die herzustellenden Produkte (beispielsweise Auftragsbestätigung) die Grundlage für die Aufgabenteilung bzw. -zuweisung und den Ressourceneinsatz ist. So kann es sinnvoll sein, bestimmte Aufgaben für die Erstellung einer Auftragsbestätigung als Aufwand in die Fertigungssteuerung zu verlagern. Hierzu bietet sich im konkreten Fall die Liefertermfindung an, um so den Ressourceneinsatz im Auftragszentrum zu nivellieren. In der Praxis wird das häufig schon gemacht, da Liefertermine in der Regel von verfügbaren Material- und Produktionskapazitäten abhängen, sofern es sich nicht um zu bestätigende Katalog- oder Lagerware handelt. Von einer bewussten Nivellierung administrativer Tätigkeiten kann in der Praxis allerdings nur in den seltensten Fällen die Rede sein.

Voraussetzung für solch eine flexible Organisation im Idealzustand ist, dass die Mitarbeiter über eine Qualifikation verfügen, die ein gegenseitiges Wahrnehmen der erforderlichen Aufgaben ermöglicht. Eine Qualifikationsmatrix, wie sie heute in vielen direkten Bereichen üblich ist, ist in solchen Unternehmensbereichen immer noch selten anzutreffen, aber zwingende Voraussetzung für Lean Administration. Inhalt einer solchen Matrix muss nicht nur sein, welcher Mitarbeiter welche Fähigkeiten besitzt, sondern vor dem Hintergrund der Prozessnivellierung eine Antwort auf die Frage, wie viel Know-how von welcher Fähigkeit erforderlich ist, um einen Prozess am Fließen zu halten.

Das Auftragszentrum – keine Abladestelle für unmotivierte Mitarbeiter

Interessanterweise ist das Beispiel Auftragszentrum ja gar nicht neu. Erste Auftragszentren gab es bereits Anfang der 1980er Jahre, also lange Zeit vor der ersten Lean-Welle, die sich zunächst ausschließlich auf die Produktion fokussierte und Anfang der 90er Jahre durch das Buch ‚Die zweite Revolution der Automobilindustrie' (Womack et. al 1997) ausgelöst wurde.

Zielsetzung war schon damals, mit kurzen Entscheidungswegen den Auftragsdurchlauf zu beschleunigen. Nur wurde in der Vergangenheit häufig der Fehler gemacht, die zentralen Aufgaben des Auftragsmanagements mit den falschen Mitarbeitern zu besetzen. Das Auftragszentrum verkam zur Abladestelle unmotivierter und unqualifizierter Mitarbeiter, wodurch die gewünschten Erfolge natürlich nicht eintraten. Im Gegenteil: Der Begriff ‚Auftragszentrum' selbst ist deshalb heute in vielen Unternehmen immer noch verpönt.

Neu ist im Rahmen der Lean Administration gegenüber der ursprünglichen Idee der ganzheitliche Ansatz, der den Prozess ‚Auftragsmanagement' heute optimiert. Ziel ist es, nicht mehr alleine Synergien zu nutzen, sondern den Prozess flexibel und reaktionsfähig auszulegen, um Verschwendung aller Art soweit wie möglich zu vermeiden. Wie bei einem Produktionssystem kommt es auf die Auswahl und das Zusammenspiel der ausgewählten Lean Managementmethoden an, wie beispielsweise FIFO (First in, first out) und One Piece Flow. Letztendlich sorgen befähigte Mitarbeiter und die passend dimensionierte Personaldecke in einem am Wertstrom ausgerichteten Prozess für eine hohe Wertschöpfung und kurze Durchlaufzeiten. Ich werde in Kapitel 5 darauf zu sprechen kommen.

3.3 Alles hört auf ein Kommando: Die Unternehmensführung

Orientierung geben

Zur Unternehmensführung gehört, die Unternehmensstrategie festzulegen, die hieraus abgeleiteten Ziele für die Organisation zu definieren und diese zu kommunizieren sowie die Organisation selbst. Die Aufgaben innerhalb der Unternehmensführung sind damit relativ überschaubar, werden jedoch in der Praxis auf vielfältige Art und Weise gestört. Sofern sie nicht auf Fehlannahmen des Unternehmens beruhen, sind externe Störgrößen intern zu kompensieren, da sie in der Regel nicht oder kaum beeinflussbar sind. Dies betrifft Änderungen des Marktes, politische Einflüsse etc. In vielen Fällen sind es aber eher die internen Störgrößen, die von der Fokussierung auf die eigentlichen Aufgaben der Unternehmensführung ablenken. Fehlende Zielvorgaben, eine nicht auf die Strategie ausgerichtete Organisation oder schlicht mangelnde Qualifikation führen zu Problemen in Kern- und Stützprozessen, die durch das Management kompensiert bzw. korrigiert werden müssen.

Solange die Zeit zwischen zwei Katastrophen (im Übrigen eine interessante, aber nicht ganz ernst zu nehmende Kennzahl der Lean Administration) ausreichend groß ist, kann man eine solche Korrektur noch zur Kernaufgabe des Managements zählen. Wenn das Troubleshooting aber zum Tagesgeschäft wird und keine Zeit mehr für die Kernaufgaben der Unternehmensführung bleibt, gilt es zu handeln.

Die Implementierung einer schlanken Unternehmensführung selbst ist wegen ihrer vorrangig strategischen Ausrichtung eher zu vernachlässigen. Die Erarbeitung einer Strategie oder das Vorgeben von Zielen sind keine Tätigkeiten, die unmittelbar schlanke, ausgetaktete Abläufe erfordern. Das Vorgeben von Zielen zur Implementierung schlanker Prozesse, das Vorleben einer Lean-Philosophie und die Ausrichtung der gesamten Organisation am Wertstrom sind jedoch ganz wesentliche Erfolgsgrößen der schlanken Administration und zentrale Aufgabe des Managements.

In vielen Prozesslandkarten steht an Stelle der ‚Unternehmensführung' der Begriff ‚Managementprozess'. Dies ist grundsätzlich vollkommen irreführend, weil es impliziert, das Management in den anderen Prozessen nicht vorkommt bzw. nicht relevant ist. Nimmt man Lean Administration als Führungsprinzip ernst, so ist jeder Mitarbeiter ein Manager, der bereit ist, Verantwortung zu übernehmen und Entscheidungen zu treffen. So gesehen, spiegelt die Prozesslandkarte bereits wider, wie ernst es ein Unternehmen mit seinen Bemühungen um schlanke Prozesse wirklich meint.

Lean (vor-)leben

Das Management muss sich darüber im Klaren sein, dass es (auch) bei Lean Administration eine Vorbildfunktion zu erfüllen hat. Man kann von seinen Mitarbeitern nur das verlangen, was man selber zu leisten bereit ist. Ein Chef, der beispielsweise grundsätzlich zu spät zur Besprechung kommt, ist kein Vorbild. Ein Manager, der seine Anweisungen unkontrolliert via E-Mail über das Unternehmen verteilt, ist kein Vorbild. Und ein Vorgesetzter, dessen Schreibtisch vor Unterlagen und Kaffeetassen überquillt, ist auch nicht geeignet, seinen Mitarbeitern Vorhaltungen über mangelnde 5S-Disziplin zu machen. Das Verhalten der Führungskraft ist ein ganz entscheidender Erfolgsfaktor, auf den ich in Kapitel 6 noch einmal zu sprechen kommen werde.

3.4 Die Kernprozesse

Das Auftragsmanagement: Entscheidende Schnittstelle zum Kunden

Das Auftragsmanagement besitzt im Unternehmen aufgrund seines unmittelbaren Kundenbezugs eine zentrale Bedeutung. Reaktionsfähigkeit, Antwortzeitverhalten und die Aussagefähigkeit sowie die Qualität der Beauskunftung sind zentrale Parameter, die der Endkunde unmittelbar bewertet.

Grundsätzlich lassen sich aus Sicht der Lean Administration die beiden Prozesse Angebotserstellung und Auftragsmanagement zusammenfassen. In vielen Fällen unterscheiden sich beide Prozesse im Wesentlichen ‚nur' durch das zu erstellende Produkt: das Angebot einerseits sowie der interne Auftrag und die Auftragsbestätigung an den Kunden andererseits. Die zu erarbeitenden Inhalte sind in der Regel in beiden Prozessen ähnlich. Es geht darum festzulegen, wann, welche und wie viele Enderzeugnisse dem Endkunden zu welchem Preis zur Verfügung gestellt werden können.

Differenzierung der Teilprozesse

Das Auftragsmanagement lässt sich in der Praxis in sieben Teilprozesse unterteilen:

- Angebotserstellung
- Auftragserfassung
- Auftragsbestätigung
- Auftragsbearbeitung
- Versandabwicklung
- Rechnungsstellung
- Überwachung Zahlungseingang

Die Komplexität entsteht im Prozess nicht durch die unterschiedlichen Teilprozesse, sondern durch die Anzahl der involvierten Unternehmensbereiche. Das Auftragsmanagement wird heutzutage auch gerne order-to-cash genannt, was den großen Vorteil hat, dass es die Spannbreite des Prozesses eindeutig aufzeigt. Der Prozess endet nicht mit dem Versand der fertigen Ware, sondern mit dem Zahlungseingang durch den Kunden. Denn solange der nicht erfolgt, hat auch keine ‚Wertschätzung' durch ihn stattgefunden.

Zu unterscheiden ist im Auftragsmanagement, ob es sich bei den zu verkaufenden Enderzeugnissen um standardisierte Katalog- bzw. Lagerware oder eine kundenbezogene Auftragsfertigung handelt. Das Auftragsmanagement von Katalogware kommt dem Ideal schlanker Abläufe schon alleine deshalb sehr nahe, weil in der Regel außer einer Abteilung ‚Auftragsabwicklung' mit anschließender Rechnungsstellung durch die Buchhaltung keine weiteren Unternehmensbereiche beteiligt sind.

In der individuellen Auftragsfertigung bzw. im Projektgeschäft hingegen ist eine Vielzahl unterschiedlicher Unternehmensbereiche involviert. So sind neben der Auftragsabwicklung und der Buchhaltung weitere Unternehmenseinheiten am Prozess beteiligt: Konstruktion und Arbeitsvorbereitung müssen die technische Machbarkeit überprüfen und das Enderzeugnis kalkulieren, die Fertigungssteuerung muss Kapazitäten abgleichen und Liefertermine festlegen.

Verschwendung im Auftragsmanagement

Durch die Einbindung unterschiedlicher Unternehmensbereiche entsteht schnell eine Komplexität, die nahezu alle Verschwendungsarten der Administration beinhaltet. Klassische Verschwendung in der Auftragsabwicklung spiegelt sich beispielsweise in folgenden Punkten wider:

- Nachfragen aufgrund unvollständiger bzw. fehlerhafter Spezifikation der Anforderungen (im schlimmsten Fall beim Kunden)
- Stapelverarbeitung, beispielsweise bei der Auftragserfassung
- lange Warte- und Liegezeiten wegen interner Auftragsklärung oder verzögerter Weitergabe an die nachfolgende Abteilung
- Medienbrüche, beispielsweise wenn der Liefertermin von der Fertigungssteuerung per E-Mail kommuniziert wird
- Zusatzaufwand durch unvollständige Stammdaten (Kunde, Material)
- Sondertouren aufgrund verspäteter bzw. unvollständiger Lieferungen

Die Verschwendung in der Auftragsabwicklung wird unterteilt in Verschwendung, die der Kunde wahrnimmt und solche, die lediglich interne Auswirkungen hat. Kundenrelevante Verschwendung wirkt sich unmittelbar auf die Wettbewerbsfähigkeit des Unternehmens aus. Permanentes Rückfragen nach Produktanforderungen, das ‚Verhandeln' des Liefertermins oder unvollständige Lieferungen führen auf Dauer zu einer nachhaltigen Imageschädigung.

Verschwendung ohne unmittelbaren Kundenbezug ist deshalb aber nicht weniger von Bedeutung. Denn erstens sollten im Rahmen der Lean Administration für eine interne Kunden-/Lieferantenbeziehung keine anderen Maßstäbe angelegt werden als gegenüber dem Endkunden. Und zweitens haben Verzögerungen bei der Ablieferung des eigenen Produktes wieder unmittelbare Auswirkungen auf den endkundenrelevanten Gesamtprozess.

Beispiel: Wertstromanalyse der Teilprozesse Auftragserfassung/-bestätigung

Am Beispiel der Müller GmbH (Name vom Autor geändert) wird das Ausmaß an Verschwendung im Auftragsmanagement deutlich. Hier wurden mit der Methode der Wertstromanalyse die Teilprozesse Auftragserfassung, Auftragsbearbeitung und Auftragsbestätigung analysiert und deren Effizienz bewertet.

Die Müller GmbH ist im Maschinenbau tätig und fertigt pro Monat durchschnittlich 300 Kundenaufträge ab, die jeweils nach Prüfung der Verfügbarkeiten mit Termin dem Kunden bestätigt werden. Die Auftragserfassung erfolgt zunächst manuell von zwei Mitarbeiterinnen auf einem Auftragserfassungsformular und dauert durchschnittlich 6 Minuten. Anschließend wird der Auftrag im ERP-System erfasst. Aufgrund unvollständiger Kunden- oder Materialstammdaten dauert dies durchschnittlich 18 Minuten. 80 Prozent der erfassten Aufträge bedürfen einer technischen Auftragsklärung durch Konstruktion oder Arbeitsvorbereitung. Diese technischen Abstimmungsrunden finden jeweils montags und mittwochs statt. Über eine Tätigkeitsstrukturanalyse wurde im Unternehmen ermittelt, dass durchschnittlich 4 Mannjahre benötigt werden, um alle Aufträge eines Jahres technisch einwandfrei zu spezifizieren.

Nach der Auftragsklärung wird durch die Fertigungssteuerung der Liefertermin ermittelt. Aufgrund fehlender Kapazitätsplanung sind durchschnittlich 2 Mannjahre damit gebunden,

Liefertermine zu ermitteln und diese per E-Mail an die Auftragsabwicklung weiterzuleiten. Das Ergebnis dieser Bemühungen ist aber als zweifelhaft einzustufen, da die Termintreue gegenüber dem Kunden nur bei 74 Prozent liegt.

Das Auftragsmanagement vervollständigt die notwendigen Angaben für die Auftragsbestätigung und muss gegebenenfalls den vom Wunschtermin abweichenden Liefertermin mit dem Kunden absprechen. Anschließend werden die Auftragsbestätigungen zweimal wöchentlich ausgedruckt, was in Summe durchschnittlich 8 Minuten dauert, und dann manuell in die Post gegeben.

Eine Prozessaufnahme ergab, dass im Prozess Bestände auflaufen, da Auftragsbestätigungen nicht unmittelbar weiterbearbeitet werden. So stapeln sich vor der Auftragserfassung im System 5, vor der technischen Auftragsklärung 30, vor der Lieferterminfindung 17, vor der Vervollständigung der Auftragsdaten 11 und vor dem Druck 35 Auftragsbestätigungen, die jeweils auf eine Weiterverarbeitung warten.

Dieses Beispiel eignet sich, um mittels Wertstrom-Mapping (siehe Bild 3-2) die Effizienz des Prozesses zu bewerten. Im Prinzip handelt es sich um einen Prozess, wie er heute in vielen Unternehmen anzutreffen ist. Insbesondere im Mittelstand ist eine solche Vorgehensweise durchaus verbreitet und auf den ersten Blick keine Besonderheit.

Eine Analyse der Fakten zeigt jedoch, dass Durchlaufzeit und Wertschöpfung erhebliches Optimierungspotenzial aufweisen. Betrachtet man zunächst die Auslastung des Auftragsmanagement (Summierung der einzelnen Bearbeitungszeiten je Prozessschritt im Auftragsmanagement), so entsteht ein Kapazitätsbedarf von 14 Auftragsbestätigungen pro Tag x 63 Minuten durchschnittliche Bearbeitungszeit = 882 Minuten. Demgegenüber steht ein Kapazitätsangebot der beiden Mitarbeiterinnen von 7,15 Stunden Netto-Verfügbarkeit x 60 Minuten x 2 Mitarbeiter = 858 Minuten. Die ‚gefühlte' Wertschöpfung, in dem Fall eher der Auslastungsgrad der beiden Mitarbeiterinnen, liegt also bei 882 Minuten / 858 Minuten = 102,8%.

Die Durchlaufzeit für eine Auftragsbestätigung ergibt sich nach Wertstrom-Methodik aus der Summe der einzelnen Bearbeitungszeiten (427 Minuten) plus die Summe der Bestände im Prozess (98) / den Kundentakt (14). D.h., eine Auftragsbestätigung, die vorne in den Prozess eingegeben wird, benötigt ca. 8 Tage, bis sie in den Postversand geht.

Die reale Wertschöpfung für das Produkt Auftragsbestätigung lässt sich über das Verhältnis aus der Summe der einzelnen Bearbeitungsschritte (427 Minuten) / Durchlaufzeit (8 Tage) berechnen und beträgt somit gerade einmal 11 Prozent, was konkret heißt, dass eine Auftragsbestätigung durchschnittlich 89 Prozent der Bearbeitungszeit herumliegt und darauf wartet, weiterverarbeitet zu werden. In Summe heißt das für die Auftragsabwicklung der Müller GmbH, dass zwei Mitarbeiterinnen im Auftragsmanagement permanent überlastet sind, eine Auftragsbestätigung zu schreiben, die 8 Tage benötigt, bevor sie überhaupt das Haus verlässt und deren Aussagekraft, beispielsweise in Bezug auf den Liefertermin, bei einer Liefertreue von 74 Prozent mehr als fragwürdig ist – wie gesagt, ein ganz normaler Prozess in der Administration des deutschen Mittelstandes.

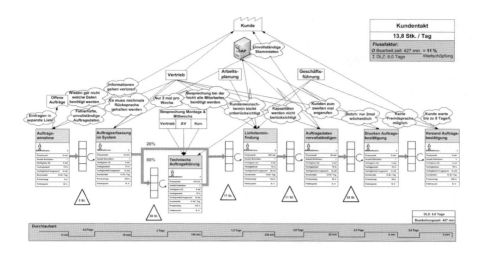

Bild 3-2: Wertstrom-Mapping der Teilprozesse Auftragserfassung und Auftragsbestätigung bei der Müller GmbH

Betroffenheit erzeugen

Wie das Beispiel belegt, bedeutet Verschwendung gerade in der Administration nicht unbedingt, dass Mitarbeiter offensichtlich und wissentlich ineffizient arbeiten. Im Gegenteil, es zeigt, dass mit viel Arbeitseinsatz gearbeitet wird und die Mitarbeiter häufig glauben, dass dies die sinnvollste Vorgehensweise ist. Erst eine ,analytische' Betrachtung, die alle Fakten auf den Tisch legt, öffnet die Augen und schafft die nötige Bereitschaft zur Veränderung.

Die Produktentstehung: Geburtsort effizienter Prozesse

Hinsichtlich schlanker Abläufe hat der Produktentstehungsprozess im Unternehmen eine zentrale Bedeutung. So werden in Entwicklung und Konstruktion nicht nur die Rahmenbedingungen für eine kostenoptimierte Produktion, sondern auch für schlanke Prozesse der Administration festgelegt. Darüber hinaus steht die Produktentstehung nahezu immer synonym für Kreativität, die nicht messbar ist, woraus viele Unternehmen schließen, dass eine Optimierung des Entwicklungsprozesses gar nicht möglich sei. Umso wichtiger ist es, den Prozess der Produktentstehung, auch concept-to-launch genannt, näher zu betrachten.

Differenzierung der Teilprozesse

Die Produktentstehung lässt sich erfahrungsgemäß in sechs Teilprozesse unterteilen:

- Konzepterstellung
- Durchführen von Machbarkeitsstudien
- Erstellen von Lastenheften / Spezifikationen
- konstruktive Auslegung und Design
- Erstellen technischer Dokumente (Zeichnungen, Stücklisten etc.)
- Technischer Änderungsdienst

Die Bewertung dieser Teilprozesse erfolgt auf Basis zweier wesentlicher Rahmenbedingungen: Einerseits ist der Zeitpunkt des ‚Einstiegs' in den Entwicklungsprozess von zentraler Bedeutung. Der Umfang der zu bearbeitenden Teilprozesse ist bei einem Unternehmen mit Eigenentwicklung anders zu bewerten als bei einem Unternehmen mit Produktentwicklung im Kundenauftrag oder gar einem Auftragsfertiger, der keine oder nur geringe konstruktive Anpassungen vornimmt. Demzufolge sollte in der Entwicklung auch grundsätzlich über eine funktionale Trennung zwischen Vorausentwicklung (klassische Forschung und Entwicklung) und Konstruktion nachgedacht werden. Hierauf werde ich in Kapitel 4 noch ausführlich eingehen.

Ein weiterer wesentlicher Aspekt ist das Marktumfeld, in dem sich das Unternehmen bewegt. In Branchen mit kurzen Produkt- oder Technologielebenszyklen spielt der Zeitfaktor eine ganz entscheidende Rolle. So geht es in der Halbleiterindustrie beispielsweise darum, neue Produkte in einem sehr kurzfristigen, vordefinierten Zeitfenster auf den Markt zu bringen, da dieser sonst durch die Konkurrenz bedient wird. Eine Verzögerung bei der Industrialisierung und damit ein verspäteter Markteinstieg mit ggf. sogar besseren Produkten ist gar keine Option mehr, da unmittelbar mit der Entwicklung der nächsten Generation begonnen werden muss. Ein schneller und synchronisierter Produktentstehungsprozess ist der Garant dafür, langfristig am Markt bestehen zu können.

Verschwendung in der Produktentstehung

Bei der Produktentstehung handelt es sich häufig um einen Prozess, in dem der Fachbereich Entwicklung / Konstruktion auf Basis vorhandener Spezifikationen aus dem Vertrieb oder dem Produktmanagement ein Enderzeugnis entwickelt und die Arbeitsvorbereitung (beziehungsweise das Industrial Engineering) die für die Produktion benötigten technischen Unterlagen erstellt. Die in der Praxis am häufigsten vorgefundenen Verschwendungsarten sind:

- in die falsche Richtung entwickeln bzw. sich für den falschen Weg entscheiden
- Gleichteile suchen
- nicht dokumentiertes Wissen
- Fehler (in Zeichnungen und Stücklisten)
- Overengineering
- Teile konstruieren, die es schon gibt (= falsch verstandene Kreativität)

- Wartezeiten, Unterbrechungen, geistiges Rüsten
- Beschäftigung mit Nicht-Kernkompetenzen
- unmotivierte, sich nicht mit dem Produkt identifizierende Mitarbeiter

Zu den größten Verschwendungsfaktoren in der Produktentstehung zählt das Overengineering. Nach dem Motto ‚Dem Ingenieur ist nichts zu schwer' entstehen durch nicht erfasste oder fehlerhaft interpretierte Kundenanforderungen Mehraufwände in Entwicklung und Produktion, die vom Kunden nicht wertgeschätzt werden. Die Folge sind nicht nur Mehrkosten in Einkauf, Fertigung und Montage. Auf diese Weise wird auch Entwicklungsleistung blockiert, die nicht wertschöpfend für andere Produkte eingesetzt werden kann.

Wenn sich der Konstrukteur für den besseren Einkäufer hält

Zur Verschwendung in der Entwicklung zählen aber auch die aufwändige Suche nach Gleichteilen aufgrund nicht vorhandener Standardisierung oder mangelnder IT-Unterstützung oder die (häufig daraus resultierende) Beschäftigung mit Einkaufsfunktionen durch die Konstruktion. Wenn der Konstrukteur sich für den besseren Einkäufer hält, ist dies gerade aus administrativer Sicht häufig der Anfang vom Ende. Denn unabhängig von den resultierenden Kosten für eventuell einmalige Einkäufe bei speziellen Lieferanten werden Kapazitäten blockiert, die an anderer Stelle dringend benötigt werden. (Es gibt im Übrigen nur wenige Unternehmen mit einer sauber definierten Schnittstelle zwischen Konstruktion und Einkauf.)

Die Arbeitsvorbereitung wird nicht als Kunde gesehen

Auch die Schnittstelle zwischen Konstruktion und Produktion ist immer wieder ein Ort immenser Verschwendung. Hier entstehen nicht nur hohe Reibungsverluste mit entsprechendem Ressourcenverzehr, sondern auch signifikante Verzögerungen in Bezug auf einen geplanten Produkt-Launch. Ein fehlendes Anlaufmanagement führt dazu, dass Zeichnungen noch nicht fertig sind, obwohl schon gefertigt werden müsste, Lieferanten noch nicht qualifiziert wurden, ein Fertigungsprozess noch nicht ausgelegt ist, obwohl die Konstruktion bereits abgeschlossen ist, oder Änderungsanforderungen aus der Produktion kommen, die bereits vorher offensichtlich hätten sein müssen. Dies sind alles Themen, die bei konsequenter Kundenorientierung – Kunde ist in dem Fall die Arbeitsvorbereitung – nicht vorkommen sollten.

Nicht zuletzt führt gerade in der Entwicklung der falsche Einsatz bzw. das Nichtnutzen geistigen Kapitals zu Verschwendung. Nicht dokumentiertes Wissen und das Beauftragen kreativer Mitarbeiter mit standardisierten Tätigkeiten führen dazu, dass dieses Potenzial ungenutzt bleibt.

Die versteckte Verschwendung in der Produktentstehung

Gefährlicher als die häufig offensichtliche Verschwendung ist die versteckte Verschwendung. Diese tritt immer dann auf, wenn in einem Prozess zwar tatsächlich am jeweiligen Produkt gearbeitet, dies aber nur notwendig wird, weil zuvor oder in anderen Unternehmensbereichen entsprechende Versäumnisse auftreten.

Ein in der Praxis häufig anzutreffendes Beispiel ist die Arbeitsvorbereitung (AV), deren Kernprodukt und damit Hauptaufwandstreiber der Arbeitsplan ist. Wenn die AV mit Hochdruck und Effizienz daran arbeitet, Arbeitspläne für neu konstruierte Teile, Baugruppen oder Fertigwaren zu erstellen, sieht dies auf den ersten Blick nach hoher Wertschöpfung aus. Resultiert dieser Aufwand allerdings daraus, dass in der Produktentwicklung aufgrund mangelnder Standardisierung permanent ,das Rad neu erfunden' wird, kann an dieser Stelle nicht wirklich von Wertschöpfung gesprochen werden.

Einkauf und Beschaffung: Es geht um mehr als nur die Einkaufspreise

Wer seine Fertigung erfolgreich aufgeräumt und am Wertstrom ausgerichtet hat, wird schnell auf die ersten Probleme im Einkauf stoßen. Ein erhöhter Durchsatz in der Fertigung und eine höhere Produktivität wirken sich unmittelbar auf die Materialbereitstellung aus. Soll dieser Effekt sinnvoller Weise nicht durch eine Erhöhung des Lagerbestandes abgefedert werden, bedeutet dies automatisch, die Lieferanten zu schnellerer Lieferung in kleineren Losen zu verpflichten. Hinzu kommt, dass in Zeiten stetig steigender Rohmaterialpreise und immer weiter fortschreitender Globalisierung ein effektiver und effizienter Einkaufsprozess (Purchase-to-pay) immer wichtiger wird.

Differenzierung der Teilprozesse

Eine Unterteilung des Einkaufsprozesses hat sich in der Praxis wie folgt bewährt:

- Beschaffungsmarktanalyse
- Lieferantenmanagement
- Bedarfsgenerierung / Disposition
- Angebots- und Bestellabwicklung
- Wareneingang und Reklamationsmanagement
- Kreditorenmanagement

Der Einkaufs- und Beschaffungsprozess umfasst strategische und operative Aufgaben. Zu den strategischen gehören beispielsweise die Beschaffungsmarktanalyse sowie Teile des Lieferantenmanagements, zu den operativen die Bestellabwicklung, der Wareneingang etc.

! Ich empfehle dringend, diese Aufgaben, ähnlich wie bei der Produktentstehung, funktional zu trennen. Auf diesen Aspekt der Unternehmensorganisation wird in Kapitel 4 eingegangen.

Während die strategischen Aufgaben autonom durch einen Bereich ‚Strategischen Einkauf‘ abgewickelt werden können, sind die operativen Tätigkeiten in einen Prozess eingebettet, der je nach Organisation eine Vielzahl von Schnittstellen aufweist: Von der bedarfsanfordernden Fachabteilung, die die Konstruktion ebenso gut sein kann wie die Disposition über die Bestellabwicklung in der Beschaffung selbst sowie die Logistik und Qualitätssicherung im Wareneingang bis hin zur Bezahlung des Lieferanten durch das Rechnungswesen. Alleine die Anzahl der involvierten Bereiche birgt bereits enormes ‚Verschwendungspotenzial‘.

Verschwendung in Einkauf und Beschaffung

Die Verschwendung im Einkaufs- und Beschaffungsprozess steht häufig deshalb nicht so sehr im Fokus, weil sich das Hauptaugenmerk des Unternehmens auf Potenziale in Bezug auf die Einkaufspreise richtet. Grundsätzlich ist dies auch nachvollziehbar, beträgt der (klassisch gemessene) Materialkostenanteil in einigen Branchen heutzutage doch zwischen 60 und 80 Prozent. Wenn man dann in einigen Unternehmen noch feststellt, dass kein Mitarbeiter der Einkaufsabteilung englisch spricht oder dass drei Viertel des Einkaufsvolumens aus dem eigenen Postleitzahlengebiet kommt, liegt der Handlungsbedarf auf der Hand. Lean Administration fokussiert in diesem Zusammenhang aber nicht auf die Materialkosten, sondern auf die ‚Einstandskosten am Verwendungsort‘. Diese erweiterte Perspektive bezieht Potenziale bei den Gemeinkosten in der gesamten Lieferkette mit ein.

Verschwendung, die einen erhöhten Aufwand in Einkauf und Beschaffung verursacht, entsteht u.a. durch:

- Rückfragen aufgrund unvollständiger Vorgaben der Fachbereiche
- Terminklärungen mit dem Lieferanten
- Medienbrüche bei der Übergabe der Bedarfsanforderung
- aufwändige Genehmigungs- bzw. Freigabeverfahren
- unvollständige bzw. fehlerhafte Stammdaten (Material, Lieferanten)
- unzuverlässige bzw. nicht qualifizierte Lieferanten
- Reklamationen beim Lieferanten
- Wareneingangsprüfung.

In der Beschaffung besteht darüber hinaus die Gefahr, durch ein zu hohes Maß an Standardisierung ineffiziente Abläufe zu installieren. In vielen Fällen ist es sinnvoll, eine Unterteilung des Einkaufsspektrums vorzunehmen, beispielsweise in zeichnungsgebundene Teile, externe Dienstleistungen, Investitionsgüter oder C-Teile, um anschließend exakt hierauf ausgerichtete, unterschiedliche Beschaffungsprozesse zu implementieren. In der Regel werden nämlich nicht nur unterschiedliche Fachbereiche involviert. Auch die Aufwände für die einzelnen konkreten Beschaffungen selbst weichen stark voneinander ab. Dass beispielsweise der Einkauf einer Werkzeugmaschine einen anderen Prozess erfordert als die Beschaffung Kanbanfähiger C-Teile liegt auf der Hand, muss sich aber auch im Prozess und gegebenenfalls sogar in der Einkaufsorganisation widerspiegeln.

Versteckte Verschwendung im Einkauf

Auch im Einkaufsprozess gibt es versteckte Verschwendung. Ein Beispiel ist die Disposition. In einem gut strukturierten Unternehmen findet der Abruf von Material dort statt, wo der Bedarf entsteht. Dies kann eine Abteilung Disposition sein, eine entsprechende Funktion, die einem Auftragszentrum angegliedert ist, oder bei Gruppenarbeit in den produzierenden Einheiten selbst. Ein Abruf setzt jedoch voraus, dass im Vorfeld entsprechende Vereinbarungen mit dem Lieferanten über Mengenkontrakte getroffen wurden. Wenn der Disponent vorrangig damit beschäftigt ist, solche Artikel beim Lieferanten erst anzufragen, sieht das nach außen zwar nach Disposition aus, ist aber eigentlich eine Einkaufstätigkeit.

3.5 Die Stützprozesse: Hort unterschätzter Potenziale

Aus Sicht der Lean Administration sind Stützprozesse im Unternehmen zu unterscheiden in solche mit rein administrativem Charakter (wie Marketing, Controlling, IT, Personalwesen) und in produktionsnahe Stützprozesse, in denen darüber hinaus auch produktive Tätigkeiten durchgeführt werden. Hierzu gehören Qualitätsmanagement, Instandhaltung oder logistische Funktionen, die nicht dem Auftragsmanagement zugeordnet werden.

Stützprozesse haben keinen unmittelbaren Endkundenbezug und gehören häufig nicht zu den Kernkompetenzen des Unternehmens. Ausnahmen gibt es natürlich, beispielsweise in Bezug auf den Werkzeugbau, der in einigen Unternehmen aufgrund des vorhandenen Know-hows die Wiege der Wettbewerbsfähigkeit darstellt. Nichtsdestotrotz werden Stützprozesse in vielen Unternehmen nicht richtig dimensioniert. Die Gründe sind oft die Folgenden: Entweder hat sich im Lauf der Zeit zu viel ‚Speck' angesammelt, weil kein entsprechender Fokus darauf gerichtet wurde, oder die Ressourcen wurden im Rahmen allgemeiner Gemeinkostenprogramme so ‚lean' aufgestellt, dass keinerlei Flexibilität mehr vorhanden ist.

Das Problem der Dimensionierung

Grundsätzlich besteht kein Zweifel, dass auch der erforderliche Aufwand für Stützprozesse unmittelbar mit dem Mengengerüst der eingehenden Aufträge und dem zu produzierenden Volumen in Zusammenhang steht. Gerade in einer Personalabteilung lässt sich dies sachlogisch herleiten: Je mehr Mitarbeiter in der Produktion benötigt werden, desto größer ist der Aufwand in der Personalabteilung. Ähnliche Relationen gelten für die Anzahl zu erstellender Rechnungen und den Kapazitätsbedarf der Debitorenbuchhaltung oder die Anzahl IT-User und den Aufwand für den IT-Support.

Umso erstaunlicher ist es, dass sich diese sachlogische Kopplung der Ressourcen an das Mengengerüst des Auftragseingangs häufig nicht in Personalanpassungen widerspiegelt, wie auch das Beispiel eines deutschen Automobilzulieferers in den USA belegt. Als im April 2008 dort die Krise ihren Anfang nahm, beschäftigte die Firma 160 Mitarbeiter. In Stützprozessen waren 6 Mitarbeiter in Buchhaltung/Controlling, 5 im Personalwesen und 8 im Qualitätswesen beschäftigt, 118 Mitarbeiter waren produktiv tätig. Im Verlauf weniger Wochen fielen die Abrufe der Automobilhersteller um 45%, so dass aufgrund einer schlechten cash flow-Position ein massiver Stellenabbau unumgänglich war. So wurden innerhalb kürzester Zeit, wie es in den USA eben möglich ist, 28 produktive Mitarbeiter entlassen, ohne dass dies in irgendeiner Form Auswirkungen auf den administrativen Bereich gehabt hätte. Auch war das Management zunächst kaum davon zu überzeugen, dass sich durch ein reduziertes Mengengerüst der Aufwandstreiber ein signifikanter Handlungsbedarf auch bzw. gerade im administrativen Bereich ergab. So brachte erst eine durch die deutsche Zentrale ‚verordnete' Tätigkeitsstrukturanalyse ans Licht, dass durch das reduzierte Mengengerüst der Aufwandstreiber alleine in den o.g. Bereichen 5 Stellen einzusparen waren. Im Sinne der in Kapitel 2 beschriebenen systematischen Vorgehensweise wurden diese Anpassungen zunächst vorgenommen, bevor anschließend mit geeigneten Lean Administration-Maßnahmen die Prozesse optimiert wurden. Hieraus ergab sich ein weiteres Potenzial von 3 Mannjahren, das jedoch nicht freigesetzt werden musste, sondern vorübergehend in einem anderen Geschäftsbereich eingesetzt werden konnte.

Das Beispiel zeigt ein offensichtliches Problem der Lean Administration: Die fehlende Fokussierung auf die Aufwandstreiber der administrativen Bereiche und damit auf die Wertschöpfung. Dabei lassen sich administrative Bereiche in der Regel genauso dimensionieren wie Fertigung oder Montage. Der Aufwand ist aufgrund fehlender Zeitvorgaben nur etwas höher und der Widerstand aufgrund eines höheren Qualifikationsniveaus eventuell etwas größer.

Chance Outsourcing?

Bei administrativen Stützprozessen handelt es sich wie beschrieben nur selten um Kernkompetenzen eines Unternehmens. Daher sind sie grundsätzlich auch für ein Outsourcing prädestiniert. In vielen Unternehmen werden Prozesse wie Lohnbuchhaltung, IT oder Versandabwicklung bereits von externen Dienstleistern durchgeführt. Vorrangig wird das Ziel verfolgt, Kosten zu senken bzw. diese zu flexibilisieren oder flexibler auf schwankende Mengengerüste reagieren zu können.

In der Regel ist dies ein legitimer Ansatz, sofern wirklich ein Nutzen entsteht und der auszulagernde Prozess auch tatsächlich zur Kernkompetenz des Partners gehört. Viele Unternehmen machen jedoch den Fehler, nicht stabile Prozesse nach außen zu vergeben, so dass die erwarteten Kostenvorteile nicht eintreffen oder der Aufwand zur Prozessbetreuung anschließend größer ist als der eigentliche Aufwand vorher. Leider hatte man vergessen, diesen erhöhten administrativen Aufwand in einer Prozesskostenrechnung zu betrachten, sodass in einigen Fällen das Outsourcing nach kurzer Zeit wieder rückgängig gemacht wird. Der Grund, warum Outsourcing scheitert, ist übrigens häufig derselbe: Es fehlen geeignete Übergabespezifikationen, das Anforderungsprofil an den externen Partner ist nicht eindeutig in Form eines Lastenheftes beschrieben, und der externe Partner bestätigt nicht in Form eines Pflichtenheftes, wie er gedenkt, diese Anforderungen zu erfüllen. Die meisten Outsourcing-Aktivitäten scheitern nicht an der mangelnden Qualifikation des Partners, sondern an dem fehlenden Verständnis über die Erwartungshaltung des Kunden. So gesehen ist ‚Lean' also zwingende Voraussetzung für erfolgreiches Outsourcing.

Einen Vorteil hat die Beschäftigung mit dem Outsourcing aber in jedem Fall: Man wird gezwungen, sich mit dem Mengengerüst des auszulagernden Prozesses zu beschäftigen. Denn neben einer genauen Prozessbeschreibung der durchzuführenden Tätigkeiten ist das Mengengerüst der zentrale Kostentreiber, auf dessen Grundlage der Dienstleister seine Kalkulation aufbaut. Der Dienstleister wird genau auf dieser Basis unter Abschätzung des Zeitaufwands je Aufwandstreiber seinen erwarteten Personalbedarf für die Prozessabwicklung berechnen – also genau das tun, wozu viele Unternehmen nicht in der Lage sind.

Die Schnittstellenproblematik produktionsnaher Stützprozesse

Gerade bei den produktionsnahen Stützprozessen erzeugt die Anbindung an die Kernprozesse häufig Reibungsverluste mit unmittelbaren Auswirkungen auf die Wertschöpfung. Eine nicht termingerechte Bereitstellung von Werkzeugen oder die unkoordinierte Einplanung von Wartungs- und Instandhaltungsmaßnahmen wirken sich negativ auf eine marktsynchrone Produktion aus. Dafür gibt es zwei Ursachen: Einerseits wird im Vorfeld nicht eindeutig definiert bzw. klar kommuniziert, zu welchem Termin welche Informationen bereitzustellen sind. Andererseits führen Ressourcen- bzw. Kapazitätsprobleme immer wieder zu Verzögerungen im Prozess.

Solchen Schnittstellenproblemen wird gerne mit Produktionsbesprechungen entgegengewirkt, bei denen alle Beteiligten zu regelmäßigen Terminen an einen Tisch gerufen werden. Produktionsbesprechungen sind die offensichtlichste Art der Verschwendung in produktionsnahen Stützprozessen. In manchen Unternehmen sitzen bis zu 15 Mitarbeiter eine Stunde oder noch länger zusammen, um ohne Agenda und Zielsetzung darüber zu diskutieren, was am Vortag oder in der letzten Woche alles danebengegangen ist. Wenn zwei solcher Besprechungen pro Woche stattfinden, bedeutet dies einen Aufwand von einem Mannjahr, der jedes Jahr völlig wirkungslos verpufft.

3.6 Die Produkte im administrativen Prozess

Bevor man über Prozesseffizienz spricht, gilt es zunächst, sich von der Effektivität seines Handelns zu überzeugen. Die Arbeit am ‚richtigen Objekt' bedeutet, übertragen auf Lean Administration, die Produkte zu definieren, an denen wertschöpfend gearbeitet werden soll. Und genau da fangen in der Administration die Probleme an.

Ein Produkt in der Fertigung wird durch eine Zeichnung, eine Stückliste und einen Arbeitsplan eindeutig beschrieben. Damit wird festgelegt, wie das fertige Produkt aussieht, aus welchen Einzelteilen es sich zusammensetzt und über welche Arbeitsvorgänge es entsteht. Die abzuliefernde Qualität und die hierfür veranschlagte Zeit sind eindeutig vorgegeben, und deshalb lässt sich die Produktivität der am Produkt verrichteten Arbeit eindeutig bewerten. In der Administration ist dies nicht der Fall: In vielen Unternehmen ist nicht einmal eindeutig beschrieben, welches überhaupt die Produkte der administrativen Prozesse sind. Diese werden erste durch entsprechende Übergabespezifikation eindeutig beschrieben.

Die Produktdefinition

Produkte der Administration sind alle im Unternehmen erzeugten Informationen, die unmittelbar für die Herstellung und den Verkauf des Enderzeugnisses erforderlich sind. Hierzu gehören beispielsweise das Angebot, die Auftragsbestätigung, die technische Zeichnung, die Bestellung an den Lieferanten oder die abschließende Rechnung. Unmittelbar notwendig sind alle Produkte der Kernprozesse, die im Laufe des Prozesses die Bilanzhülle des eigenen Unternehmens verlassen. Unter der Voraussetzung einer effizienten Bearbeitung ist die Arbeit an diesen Produkten in der Regel wertschöpfend.

Bild 3-3: Die Kernprobleme der Produktdefinition in der Administration

Darüber hinaus gibt es in den Kernprozessen weitere ‚Produkte‘, die zum Vertrieb und zur Erstellung des Enderzeugnisses notwendig sind, aber die Bilanzhülle des eigenen Unternehmens nicht verlassen. Als Beispiele seien im Rahmen der Kernprozesse der interne Kundenauftrag, der Arbeitsplan, die Kommissionierliste oder der Tourenplan genannt. Auch die Arbeit an diesen Produkten ist als wertschöpfend zu definieren. Sie unterscheiden sich in der Bewertung nicht von den Produkten mit Kundenbezug.

Weitere Produkte der Administration sind zur Unternehmensführung notwendig. Der Besuchsbericht der Vertriebsmitarbeiter gehört dazu genauso wie die Bewertung des Lieferanten, der Entwicklungsplan oder der Liquiditätsplan.

Ein Produkt der Administration ist ein abgeschlossenes Arbeitsergebnis, das von einer nachgelagerten Stelle (einem internen oder externen Kunden) benötigt wird. Alle Tätigkeiten in einem Prozess, die nicht der Erstellung dieser Produkte dienen und für die es keinen (externen oder internen) Kunden gibt, sind grundsätzlich als Verschwendung einzustufen. Mit dieser Definition wird offensichtlich, dass beispielsweise Berichte aus dem Controlling, die kein Mensch liest (und für die es keine gesetzlichen Vorgaben gibt), ebenso Verschwendung sind wie Lieferantenauditberichte, aus denen keine Konsequenzen gezogen werden.

Das Problem mit der ‚Hauptzeit‘

Neben der eindeutigen Definition administrativer Produkte ist die fehlende ‚Vorgabezeit‘ ein wesentlicher Aspekt, der es schwierig macht, in der Administration Wertschöpfung von Verschwendung zu unterscheiden. Wie lange darf die Erstellung eines Arbeitsplans oder einer Rechnung dauern? Und wie lange sollte ein Konstrukteur an seiner Zeichnung sitzen, bis ein fehlerfrei realisierbares und fertigungsgerechtes Produkt entsteht? Und wie viel Zeit des Controllers ist einem Geschäftsführer ein Monatsbericht wert?

In administrativen Prozessen gibt es keine Zeitvorgaben. Daraus resultieren unweigerlich Probleme in Bezug auf die Planbarkeit der Prozesse. Natürlich kommt es darauf an, ob es sich bei der Auftragsbestätigung um ein Katalogprodukt oder ein individuell anzufertigendes Enderzeugnis handelt. Und sicher ist es ein Unterschied, ob es sich um einen individuellen Kundenwunsch oder eine Änderung der Standardbaugruppe in der Produktentwicklung handelt. Das Problem ist, dass solche Fälle gerne als Begründung dafür herangezogen werden, gar keine Vorgaben zu machen. Doch wie sagt schon Peter Drucker: „Wenn es keinen anderen Maßstab gibt, dann doch den der eigenen Erwartung."

Aber auch hier lohnt ein Blick in die Fertigung, wo es Artikel gibt, die unterschiedliche Arbeitsgänge an einem oder an mehreren Arbeitsplätzen durchlaufen. In der auftragsorientierten Einzelfertigung müssen auch immer wieder Teile produziert werden, die vorher noch nicht gefertigt wurden. Für die Planung und die Kalkulation wird dann mit Referenzvorgaben vergleichbarer Bauteile gearbeitet, die zuvor bereits gefertigt wurden. Klassische Beispiele kommen aus dem Anlagenbau, wenn eine neue Anlage beispielsweise in Anlehnung an eine

Prozess	Produkte für externe Kunden	Produkte für interne Kunden
Auftragsmanagement	Angebot Auftragsbestätigung Lieferschein Rechnung Mahnung	Besuchsbericht Umsatzplanung Monatsbericht
Produktentstehung	Lastenheft Technische Zeichnung	Technologie-Roadmap Entwicklungsplan Fertigungskonzept Stückliste Arbeitsplan NC-Programm Kalkulation
Einkauf	Rahmenvertrag Bestellung / Abruf Gutschriftanzeige	Lieferantenbewertung Besuchsbericht

Bild 3-4: Beispiele für Produkte der administrativen Kernprozesse (Auszug)

zuvor verkaufte Anlage kalkuliert wird oder aus der Prozessfertigung, wo die Grundlage für die Produktkalkulation das für das Endprodukt notwendige Ausgangsmaterial, unabhängig von der endgültigen Form oder Geometrie, ist (beispielsweise eine ‚Standardtonne' in der Aluminium- oder Glasindustrie).

Eine andere Vorgehensweise für Zeitvorgaben kommt aus der Produktion mit hoher Variantenvielfalt. Hier werden nicht die Zeitvorgaben für jedes Teil individuell ermittelt, sondern die Bauteile in bestimmte Zeitcluster eingeteilt. So hat, um ein Beispiel zu nennen, ein Hersteller von Schließanlagen die Vorgaben über das gesamte Produktspektrum in drei Zeitcluster eingeteilt. Je nach Anzahl unterschiedlicher Schließeinheiten und dem daraus resultierenden Bearbeitungsaufwand in der Fertigung wird die Schließanlage in ‚komplex', ‚weniger komplex' und ‚einfach' eingeteilt, wobei für jedes dieser Cluster genau *eine* Zeitvorgabe für die Produktion vorhanden ist. Etwaige Unschärfen heben sich gegenseitig auf, so dass eine Planung über die Gesamtheit des Produktspektrums ausreichend verlässlich durchgeführt werden kann.

Wie viel Aufwand man letztendlich in die Ermittlung von Prozesszeiten administrativer Produkte investiert, hängt nicht zuletzt von der Frequenz ab, mit der ein Produkt der Administration erstellt wird. Ein optimaler Prozess für eine Auftragsbestätigung, die 300 mal pro Woche erstellt und an den externen Kunden versandt wird, ist sicher deutlich wichtiger als ein effizienter Prozess für die Erstellung eines Jahresabschlusses.

Prozess	Produkte für externe Kunden	Produkte für interne Kunden
HR / Personal		Arbeitsvertrag Qualifikationsmatrix Personalentwicklungsplan Personalabrechnung Arbeitszeugnis
Controlling		Kostenstellenbericht Monatsplan Liquiditätsplan
IT		Umsetzungsplan IT-Projekte
Qualitätsmanagement	Prüfberichte und -zeugnisse 8D-Report	Prüfplan Auditbericht
Instandhaltung		Instandhaltungsplan

Bild 3-5:Beispiele für Produkte der administrativen Stützprozesse (Auszug)

Die Übergabespezifikation

Neben den Vorgabezeiten sind die Anforderungen an ein administratives Produkt von zentraler Bedeutung, um schlanke Prozesse auch tatsächlich implementieren zu können. Wie in der Produktion müssen auch in der Administration die Prozesse stabil sein, d.h. die fehlerfreie Qualität des administrativen Produktes muss reproduzierbar sein, um Fehler oder Nachfragen nachgeschalteter Bereiche zu vermeiden. Um dies zu gewährleisten ist es erforderlich, die Anforderungen an das Produkt genau zu formulieren. Denn die Probleme fehlender oder mangelhafter Übergabespezifikationen sind offensichtlich: Im Vertrieb werden die Anforderungen bzw. Wünsche der Kunden nicht vollständig erfasst, so dass die Konstruktion auf einmal mehr mit dem Kunden diskutiert als an einem Lösungskonzept arbeitet. Oder die Konstruktion gibt ihrerseits unvollständige Zeichnungen in die Fertigung, so dass diese nicht fertigen kann. (Ob und wie dieser Fehler an die Konstruktion zurückdelegiert wird, ist eine ganz andere Frage, da ein effizientes Änderungswesen in den Unternehmen immer noch selten ist.) Oder der Fachbereich leitet mehr als schwammige Angaben weiter, welche Teile mit welcher Spezifikation durch den Einkauf zu beschaffen sind, so dass die falschen Teile bestellt werden.

Die Reihe der Beispiele für Prozessineffizienz durch fehlende Übergabespezifikationen lässt sich beliebig fortsetzen. Dabei ist die Formulierung der Anforderung an ein Produkt die Konsequenz einer gelebten Kunden-/Lieferantenbeziehung, nur eben im Innenverhältnis.

Übergabespezifikationen sind jedoch erst im zweiten Schritt als Bringschuld der produkterstellenden Abteilung zu sehen. Im Vorfeld muss zunächst einmal der Kunde, also die weiterbearbeitende Abteilung, formulieren, welche Informationen in welchem Detaillierungsgrad benötigt werden, um effizient arbeiten zu können. Ob dies in Form von Checklisten oder auf andere Art und Weise erfolgt, ist zweitrangig. Orientierung bekommt man, wenn man an die Auswärtsvergabe denkt. Der Auftraggeber (Kunde) definiert, was er haben will (Lastenheft). Der Lieferant (Auftragnehmer) spezifiziert, wie er liefern will (Pflichtenheft). Im internen Kunden-/Lieferantenverhältnis wird dieser Aufwand gescheut, ein Bruch mit der fundamentalen Logik des arbeitsteiligen Produzierens.

Ein Beispiel, wie diese Anforderungen eindeutig erfasst und formuliert werden, ist der Produktkonfigurator, den man als Endkunde aus dem Automobilbereich kennt, der aber auch im Maschinen- und Anlagenbau eingesetzt wird. Mit einem Produktkonfigurator wird vorgegeben, welche Varianten eines Endproduktes grundsätzlich möglich und welche Teile bzw. Baugruppenvarianten untereinander kombinierbar sind. Durch das Hinterlegen dieser Logik in einer ‚geführten' Software werden nicht nur ausschließlich baubare Varianten erzeugt, das Enderzeugnis wird gleichzeitig auch vollständig beschrieben. Auf diese Weise lässt sich automatisch der Preis ermitteln und die Stückliste erzeugen. An der Schnittstelle zwischen Vertrieb und Konstruktion ist der Produktkonfigurator ein ideales Hilfsmittel, um Reibungsverluste und Verzögerungen zu vermeiden, auch wenn der Aufwand für die Erstellung und Pflege der Produktstruktur sowie die Abbildung der Logik in der Software keinesfalls zu unterschätzen sind.

3.7 Den ‚Schlankheitsgrad' messen: Kennzahlen

Abgrenzung der Lean-Kennzahlen

Die Kennzahlen, mit denen der ‚Schlankheitsgrad' eines administrativen Prozesses gemessen wird, werden in diesem Kapitel von den klassischen Bereichskennzahlen unterschieden. Denn natürlich macht es Sinn, den Umsatz und den Auftragseingang zu monitoren, die Liefertreue zum Kunden zu messen oder die Reduzierung der Einstandspreise zu bewerten. All diese Kennzahlen sind notwendig, um ein Unternehmen effizient zu führen. Die Kennzahlen der Lean Administration bewerten jedoch, wie effizient ein Prozess hinsichtlich seiner Ziele zur Vermeidung von Verschwendung ausgerichtet ist. Und da stehen entsprechend den genannten Verschwendungsarten der Administration andere Kennzahlen im Vordergrund. So geht es um Kennzahlen, die bewerten,

- wie sich Durchlaufzeiten der Administration entwickeln,
- wie das Verhältnis von Bearbeitungszeit zu Durchlaufzeit ist (= Flussfaktor),
- welche ‚Bestände' in einzelnen Prozessstufen vorzufinden sind,
- wie effizient die Ressourcen eingesetzt werden,
- wie häufig Fehler bei der Produkterstellung vorkommen und
- wie Prozessstandards eingehalten werden.

Durchlaufzeit und Flussfaktor

Die Durchlaufzeit als Steuerungsgröße für Prozesseffizienz ist selbst in der Produktion immer noch nicht weit verbreitet. Dies ist umso erstaunlicher, als die Durchlaufzeit ja in den meisten Fällen identisch mit der Wiederbeschaffungszeit und eine unmittelbare Planungsgröße ist. Während in der Produktion die Durchlaufzeit noch ungefähr nachvollziehbar ist, beispielsweise als Differenz von der Freigabe eines Fertigungsauftrages bis zu dessen Fertigmeldung, ist dies in der Administration so gut wie unmöglich. Zwar lässt sich die Abwicklung eines Kundenauftrags von dessen Anlage bis zur Rechnungsstellung durch eindeutige Datumsfelder im ERP-System über den Gesamtprozess nachvollziehen. Wie lange jedoch eine Auftragsklärung oder die Liefertermfindung gedauert hat, ist nur selten nachvollziehbar. Wie schnell und flexibel ein Unternehmen deshalb auf entsprechende Kundenanfragen reagieren kann, ist ohne entsprechende Maßnahmen häufig eine Frage des Zufalls.

Aufgrund der fehlenden Durchlaufzeit kann auch der Flussfaktor nicht ermittelt werden. Der Flussfaktor ist in der Lean Administration deshalb eine interessante Kennzahl, weil der Grad der Wertschöpfung unmittelbar zum Ausdruck gebracht wird, also der relative Anteil, an dem an der Produkterstellung gearbeitet wird. Alle anderen Zeiten sind Transport-, Liege- oder sonstige Zeiten, die grundsätzlich zunächst als Verschwendung einzustufen sind.

Um Durchlaufzeiten zu reduzieren und den Flussfaktor nachhaltig zu erhöhen, hat die Firma Tetra GmbH in Melle beispielsweise in SAP eine ARIS-basierte Systemerweiterung implementiert, mit der auch in der Administration alle Aufträge über alle relevanten Bearbeitungsschritte hinsichtlich Bearbeitungs- und Durchlaufzeit überwacht werden. „Durch diese Maßnahme haben wir wertvolle Hinweise auf mögliche Prozessoptimierungen der Administration erhalten. Der vergleichsweise geringe Aufwand hat sich auf jeden Fall gelohnt", so Detlef Thoben, Geschäftsführer der Tetra GmbH.

Bestände

Bestände in der Administration sind bei der heutigen Unterstützung durch IT-Systeme häufig kaum nachvollziehbar. Zwar gibt es in Konstruktionsabteilungen immer noch das ‚Eingangskörbchen', das den Stapel abzuarbeitender Aufträge verdeutlicht. In vielen Fällen sind physische, in der Fertigung so offensichtliche Bestände jedoch in der IT verschwunden.

Bestände sind auch in der Administration ein Symptom für nicht ausgetaktete Prozesse mit potenziellen Engpässen oder für falsche Planungsalgorithmen. Weitere Gründe liegen, genau wie in der Fertigung, in der unmittelbaren Freigabe aller Aufträge für die Bearbeitung, an der Nichteinhaltung von FIFO wegen besonderer Vorlieben der Mitarbeiter oder in der fehlenden Qualifikation einzelner Mitarbeiter.

Bestände zu messen und zu visualisieren ist auch oder gerade in der Administration ein zentrales Instrument, nicht nur für die Prozessoptimierung selbst, sondern auch für die Dimensionierung des richtigen Ressourceneinsatzes. Der Bestand an den Produkten der Administration sollte deshalb soweit wie möglich über alle Prozessstufen nachvollziehbar sein. Dies setzt eine konsequente Terminierung für die Produkterstellung voraus und kann beispielsweise durch die Einrichtung von Pitchboards transparent visualisiert werden.

Ressourceneinsatz

Effizienter Ressourceneinsatz in der Administration steht in der Regel synonym für Mitarbeiterproduktivität. Diese wird in der Fertigung definiert als Quotient aus der Anzahl produzierter Gutteile multipliziert mit der jeweiligen Vorgabezeit und der Anwesenheitszeit der Mitarbeiter. Grundsätzlich ist diese Kennzahl auch in der Administration anwendbar, sollte aber unter zwei Gesichtspunkten betrachtet werden: Zum einen ist eine hohe Produktivität nicht immer als positiv zu bewerten, beispielweise wenn zuvor die Grundlagen für eine effektive Bearbeitung gelegt wurden. Zum anderen ist zwischen den kreativen und operativen Tätigkeiten zu differenzieren. Die Produktivität im Bereich Ideengenerierung oder konstruktive Auslegung ist sicher keine geeignete Kennzahl zur Prozessoptimierung und Mitarbeiterführung, während dies für das Erstellen von Auftragsbestätigungen oder Rechnungen durchaus sinnvoll sein kann.

Fehler

Fehler in der Administration treten in nahezu allen Prozessen auf, werden aber nur selten erfasst. Dies liegt nicht zuletzt daran, dass es in der Administration keine Qualitätskontrolle gibt und die aus der Produktion bekannte Werkerselbstprüfung stillschweigender Standard ist. Dabei geht es in der Administration genau wie in der Fertigung nicht ausschließlich darum, einen Fehler zu entdecken, sondern dessen Ursache für die Zukunft zu vermeiden.

Der First Pass Yield ist ein Beispiel, wie in der Administration Fehler gemessen und durch einen standardisierten Prozess reduziert werden können. Der First Pass Yield definiert in der Konstruktion beispielsweise den prozentualen Anteil an Zeichnungen, die ohne Beanstandung der Fertigung produziert werden konnten. Zu messen ist diese Kennzahl relativ einfach, weil in dem Fall die nachgelagerte Abteilung, sprich die Fertigung, gleichzeitig als Prüfstelle fungiert. Voraussetzung ist, dass beim Auftreten von Fehlern ein offizieller Prozess eingeleitet wird, der ein Nachbessern der Zeichnung sowie Maßnahmen zur zukünftigen Fehlervermeidung in die Wege leitet. Hierzu ist eine eindeutige Definition des Teilprozesses ‚Technischer Änderungsdienst' erforderlich, der eindeutig definiert, wie Änderungs- und Freigabestati dokumentiert werden.

Der First Pass Yield ist darüber hinaus eine universell anwendbare Kennzahl für die Administration. So lässt er sich für die Konstruktion genauso anwenden wie in der Auftragsabwicklung (Anzahl Kundenaufträge ohne Rückfragen) oder in der Debitorenbuchhaltung (Anzahl erstellter Rechnungen ohne Kundenreklamation).

Standardisierungsgrad

Nicht zuletzt ist wie in der Produktion das Einhalten sinnvoller Standards ein zentraler Baustein schlanker Prozesse. Anders als bei den zuvor aufgeführten Kennzahlen ist die Einhaltung von Standards jedoch spezifisch zu bewerten, da für jeden Prozess andere Standards gelten. Im Auftragsmanagement beispielsweise lässt sich bewerten, inwieweit es gelingt, einheitliche Zahlungskonditionen durchzusetzen, um die Höhe des Umlaufkapitals besser planen zu können und die spätere Abwicklung in der Buchhaltung zu vereinfachen. Ein anderes Beispiel aus diesem Prozess ist, wie es gelingt, definierte Mindestmengen beim Kunden durchzusetzen, um den entstehenden Abwicklungsaufwand gegenüber dem erzielten Verkaufserlös zu relativieren.

Im Einkauf lässt sich die Einhaltung von Standards beispielsweise in der Durchsetzung von Lieferantenqualifizierungen bzw. -bewertungen oder in der Einhaltung von Workflows zur Artikelneuanlage messen. Und in der Produktentstehung sind dies unter anderem der Teileverwendungsgrad (d.h., wie oft werden die gleichen Teile in unterschiedlichen Baugruppen wiederverwendet) oder die Art der Technischen Dokumentation.

Überall in der Administration lassen sich Standards definieren, deren vorrangiges Ziel es ist, Verschwendung zu vermeiden. Dort, wo diese Standards definiert wurden, lässt sich deren Einhaltung in der Regel auch messen. Dies gilt nicht nur für die Kernprozesse der

Bild 3-6: Der Besprechungskostenzähler der BMK Group, Augsburg

Administration, sondern auch für die Stützprozesse und für allgemeine Verhaltensregeln wie beispielsweise E-Mail-Verkehr oder Besprechungen.

Ein pragmatischer Ansatz zur Messung von Verschwendung

Apropos Kennzahlen: Auch Verschwendung in der Administration lässt sich messen. So hat die Firma BMK Group aus Augsburg einen ‚Besprechungskostenzähler‘ installiert, der die Kosten einer Besprechung auf Basis der Stundensätze der teilnehmenden Mitarbeiter visualisiert. Am Ende einer Veranstaltung kommt so schnell ein 4-stelliger Betrag zusammen, durch dessen Darstellung zunächst einmal nichts wirklich viel besser wird – der aber zumindest geeignet ist, Betroffenheit auszulösen und über Verbesserungen nachzudenken. Der Input wird angezeigt und damit die ständige Mahnung, einen entsprechenden Output zu erzeugen (Wertschätzung!). Wenn ein Kollege keinen Beitrag leistet (leisten kann?), warum soll er dann anwesend sein?

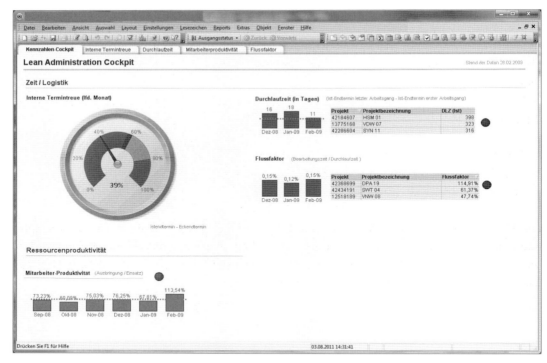

Bild 3-7: Lean Administration Cockpit

Kennzahlen ermitteln und visualisieren

Die Ermittlung der ausgewählten Kennzahlen ist in der Administration deshalb ein Thema, weil diese in der Regel nicht auf Knopfdruck aus einem System abgerufen werden können. Will man nicht einen Stab von Controllern beschäftigen, die solche Kenngrößen erfassen, visualisieren und auswerten, sollte man sich zunächst die Frage stellen, welche Kennzahlen zur Steuerung administrativer Prozesseffizienz wirklich nötig sind. Grundsätzlich lässt sich zu jeder Verschwendungsart in jedem Prozess eine Kennzahl finden. In der Praxis macht es allerdings Sinn, diese auf das notwendige Minimum zu reduzieren.

Wer nun konkret welche Kennzahl benötigt, sollte individuell in Abhängigkeit der jeweiligen Ausgangssituation entschieden werden. Ein Unternehmen mit hoher interner Fehlerquote sollte dringend über die Einführung des First Pass Yield nachdenken, während andere Unternehmen mit langen Antwortzeiten das Monitoren der Durchlaufzeit in Erwägung ziehen sollten. Auch dürfen solche Kennzahlen nicht in Stein gemeißelt werden, da sich das Umfeld und die Probleme gegebenenfalls mit der Zeit ändern und dann andere Zahlen im Vordergrund stehen sollten.

Welche Kennzahl ermittelt werden soll, hängt auch von deren Verfügbarkeit der erforderlichen Basisdaten ab. Ist der (administrative) Aufwand für deren Erfassung zu hoch, wird ein solches Kennzahlensystem ad absurdum geführt, sobald der Aufwand höher ist als die zu messende Verschwendung.

Darüber hinaus gelten für die Kennzahlen der Administration die gleichen Regeln wie für die Produktion:

- Den Prozess, der gemessen wird, soll der Verantwortliche auch beeinflussen können.
- Die Kennzahlen sollten möglichst aktuell sein und
- gegen einen Zielwert gemessen werden.

Die Visualisierung der Kennzahlen kann grundsätzlich dem klassischen Muster entsprechen und in den betroffenen Bereichen erfolgen. Nach Lean-Gesichtspunkten bietet sich stattdessen eine automatisierte Aufbereitung an, beispielsweise in Form eines Lean Administration-Cockpits auf Basis einer Business Intelligence Software.

Kapitel 4
Die Voraussetzungen schaffen
Das Konzept zur Wirkung bringen

Während die Prozessoptimierung im Wesentlichen auf die Effizienz zielt, wird mit dem Schaffen der strukturellen Rahmenbedingungen die Effektivität nachhaltig erhöht. Hier gilt es zunächst, die Komplexität aus den Prozessen zu nehmen, bevor diese optimiert werden.

4.1 Komplexität reduzieren – Effektivität erhöhen

Lean Administration gelangt erst zur Wirkung, wenn die strukturellen Rahmenbedingungen im Unternehmen dies auch zulassen. Dieser Aspekt wird in der gelebten Praxis häufig nicht berücksichtigt – oder völlig unterschätzt. Die Gründe liegen auf der Hand. Entweder erkennt das Management tatsächlich nicht die Zusammenhänge zwischen den strukturellen Voraussetzungen und ihrem Einfluss auf eine schlanke Administration. Oder sie werden schlichtweg ignoriert, weil sie zu viel Aufwand und unangenehme Fragestellungen mit sich bringen.

Aber an dieser Stelle sei die ketzerische Frage gestattet: Was bringt ein Unternehmen, das das Ziel verfolgt, die Prozesse der Administration zu verschlanken, eher weiter: ein aufgeräumter Schreibtisch oder der Einsatz standardisierter Baugruppenmodule? Eine visualisierte Bedienungsanleitung für den Drucker oder ein sauber definierter Umgang mit den eigenen C-Produkten? Kurz, die Komplexität bereits im Vorfeld aus den Prozessen herauszunehmen, ist die zentrale Voraussetzung für wirklich erfolgreiche Lean Administration. Konkret geht es deshalb darum, folgende Fragen im Vorfeld zu beantworten:

- Treffen das Produktsortiment und die Produkteigenschaften die Marktanforderungen?
- Ist die Produktstruktur so standardisiert und modularisiert, dass aus wenigen Einzelkomponenten viele Varianten gebaut werden können, ohne jedes Mal ‚das Rad neu zu erfinden'?
- Ist das Artikelsortiment so aufgeräumt, dass mit den eigenen C-Produkten bewusst umgegangen und mit ihnen noch Geld verdient wird?
- Ist die Organisation so aufgebaut und ausgestattet, dass jeder Bereich seine originären Aufgaben wirkungsvoll wahrnehmen kann?

Die in Bezug auf diese Fragen wichtigen Aspekte sind keine Neuheiten aus dem Lean Management-Umfeld, sondern gehören vielmehr zur fundamentalen Logik eines Industriebetriebs. Sie sollten deshalb in jedem Unternehmen auf der Tagesordnung stehen.

4.2 Die Produktgestaltung

In die richtige Richtung entwickeln: Die Marktanforderungen treffen

Die fehlende oder mangelhafte Erfassung von Markt- und Kundenanforderungen hat so manches Unternehmen in der Vergangenheit an den Rand der Insolvenz bzw. auch schon einen Schritt weiter gebracht. Eine fehlende Produktstrategie, nicht marktfähige Preise oder Overengineering waren letztendlich ausschlaggebend dafür, dass teuer hergestellte Produkte zu Ladenhütern wurden und Umsätze ausblieben. Aber auch Unternehmen, die sich solche Fehlgriffe gelegentlich ‚leisten' können, sind darauf angewiesen, ihre vorhandenen Ressourcen in Administration und Produktion schonend bzw. gewinnbringend einzusetzen. Insbesondere, wenn kreative Mitarbeiter der Konstruktion sich mit den falschen Prioritäten beschäftigen, bedeutet dies eine immense Verschwendung teurer Ressourcen. In der Praxis gibt es unzählige Beispiele. Um nur zwei an dieser Stelle zu nennen: Teure Ressourcen werden verschwendet, wenn bei Eigenentwicklungen die Produktidee in die falsche Richtung geht oder wenn die Anforderungen des Kunden nicht eindeutig durch den Vertrieb erfasst wurden.

Die Leitidee ‚Wertschöpfung ist Wertschätzung durch den Kunden' gilt deshalb nirgendwo mehr als hier. Produkte, die der Markt nicht benötigt, sind Verschwendung. Produkteigenschaften, die der Kunde nicht wertschätzt, sind Verschwendung. Auch interne Reports, die der interne Kunde weder benötigt noch versteht, sind Verschwendung. Aus diesem Grund ist es essentiell, die konkreten Bedarfe richtig zu erfassen – auch wenn zunächst einmal administrativer Aufwand entsteht. Die Praxis zeigt, dass der benötigte Aufwand grundsätzlich gerechtfertigt ist, um Produkte ‚in die richtige Richtung zu entwickeln' und erfolgreich am Markt zu platzieren. Deshalb ist es sinnvoll, unnützen Aufwand an anderer Stelle einzusparen, um ihn hier gezielt einzusetzen. Denn genau das bedeutet Lean Administration. Welche Methode Sie dabei anwenden, ist letztendlich zweitrangig. Grundsätzlich geeignet ist beispielsweise die Methodik des Quality Function Deployments (QFD). Sie können aber auch ein Zielkostendiagramm aufstellen, das aus dem Target Costing bekannt ist.

Die Produktstruktur: Grundstein für effiziente Prozesse

Sind die Anforderungen des Marktes einmal erfasst, müssen diese möglichst effizient von der Unternehmensorganisation umgesetzt werden. Die hierfür erforderliche Übersetzung bildet die Produktstruktur, die die Beziehungen einzelner Baugruppen und Einzelteile untereinander im Produkt beschreibt (DIN199/2 1977). Die Produktstruktur kann je nach Strukturtiefe (Anzahl der Stücklistenebenen) und Strukturbreite (Anzahl der Stücklistenpositionen) beliebig komplex werden. Es ist offensichtlich, dass die Umsetzung der Anforderungen an eine Verpackungsmaschine aufwändiger ist als die an einen Elektromotor. Umso erforderlicher ist es, diese Komplexität zu beherrschen und durch geeignete Maßnahmen im Vorfeld so weit wie möglich zu reduzieren.

Nur die wenigsten Unternehmen sind sich tatsächlich der unerfreulichen Auswirkungen einer ineffizienten Produktstruktur bewusst. Der Rattenschwanz an Problemen zieht sich nämlich über alle Unternehmensprozesse und -bereiche hinweg: Der Vertrieb hat einen deutlich erhöhten Aufwand im Rahmen der Angebotserstellung und Auftragserfassung, weil er nicht auf standardisierte Produkte bzw. Module zugreifen kann. Die Konstruktion entwickelt ständig ‚neue Teile‘ und legt sie im Artikelstamm an, weil vorhandene nicht gefunden werden. Die Arbeitsvorbereitung erstellt dafür neue Arbeitspapiere. Der Einkauf muss die neuen Teile anfragen und gegebenenfalls neue Lieferanten suchen. Und die Fertigungsplanung ist damit beschäftigt, diese Exoten in Losgröße 1 ohne Terminprobleme durch die Fertigung zu schleusen.

Eine optimierte Produktstruktur ist deswegen der Grundstein für effiziente Prozesse in Administration und Produktion. Während es in der Produktion um Skaleneffekte geht, lautet die Herausforderung in der Administration, diese Art der Verschwendung durch eine unsaubere Produktstruktur weitestgehend zu vermeiden, d.h. die gleichen Skaleneffekte auch in administrativen Prozessen zu nutzen.

Variantenvielfalt sicherstellen

Die Optimierung der Produktstruktur darf jedoch nicht zu Lasten der Marktanforderungen gehen. Die Kunden sind heute gewohnt, aus einer immer breiteren Produktpalette auszuwählen. Paradebeispiel ist die Automobilindustrie, bei der beispielsweise in den letzten Jahren mit dem SUV (sports utility vehicle) oder dem MPV (multi purpose vehicle) ganz neue Fahrzeugtypen entstanden sind, die sich zunehmender Beliebtheit erfreuen (siehe Bild 4-1). Nun ist es allerdings nicht so, dass dadurch der Automobilmarkt in gleichem Maße gewachsen wäre. Das Gros dieser neuen Marktsegmente geht nämlich zu Lasten der bestehenden Fahrzeugtypen, so dass ein gegenläufiger Effekt eintritt: Während die Anzahl der Varianten immer mehr zunimmt, nehmen die Stückzahlen je Typ immer weiter ab.

Gleiches gilt im Prinzip für den Maschinen- und Anlagenbau. Durch die Globalisierung haben die Unternehmen die Möglichkeit, neue Abnahmemärkte zu erschließen. Da dies jedoch auch Konkurrenten aus anderen Erdteilen in gleichem Umfang mit teilweise erheblichen Vorteilen bei den Herstellkosten tun, bleibt häufig nur der Weg in die Spezialisierung. Der weltweite Absatz von Produkten impliziert aber durch nationale Normen und Vorschriften eine hohe Varianz beim fertigen Produkt. Die Einhaltung der CE-Konformität innerhalb der EU, die Kennzeichnung in der Landessprache sowie die Bereitstellung der landesspezifischen Anschlussparameter sind nur einige Beispiele, bei denen aus einem fertigen Produkt im Maschinen- und Anlagenbau zahlreiche Varianten entstehen.

60er Jahre	80er Jahre	Heute	
			R-Klasse
		A-Klasse	
	W123 (190er)		SLR-Klasse
		B-Klasse	
	W124		CLK
W110	E-Klasse		
Obere Mittelklasse		C-Klasse	
W111			
Oberklasse	W126	E-Klasse	CL
W113	S-Klasse		
Roadster		S-Klasse	CLS
	R107		
	SL	SL	
			SLK
	W460	GL-Klasse	M-Klasse
	G		
			G-Klasse

Bild 4-1: Vielfalt durch Individualisierung – die Erweiterung der Produktpalette am Beispiel Mercedes Benz (Quelle: www.mercedes-benz.de)

Produktstandards definieren

Um Variantenvielfalt sicherzustellen und dennoch die Kosten der Diversifikation im Griff zu halten, ist es deshalb für ein Unternehmen zwingend notwendig, die verwendeten Komponenten und Baugruppen soweit wie möglich zu standardisieren. Denn nur so lassen sich Skaleneffekte nutzen und Aufwände reduzieren.

Im oben genannten Beispiel der Automobilproduktion ist die Plattformstrategie ein zentraler Ansatzpunkt, um der zunehmenden Komplexität der marktgetriebenen Individualisierung entgegenzutreten. Die Plattform PL71 beispielsweise ist heute die Grundlage für den Aufbau des VW Touareg, Audi Q7 und Porsche Cayenne. Sie beinhaltet u.a. die Funktionsgruppen: Aggregate (Motor, Getriebe), Vorderachse, Lenkung und Lenksäule, Schaltung, Fußhebelwerk, Hinterachse, Bremsanlage, Kraftstoffbehälter, Abgasanlage, Räder, Reifen, Vorderwagen (Längsträger, Radhäuser), Stirnwand (inkl. Heizung, Klima), Mittelboden, Hinterwagen (Boden hinten, Längsträger, Radhäuser innen), Sitzgestelle und die Verkabelung der genannten Komponenten. All diese Teile werden unabhängig vom Typ, in dem sie verbaut werden, hergestellt, wodurch es möglich wird, deutlich größere Stückzahlen zu entsprechend reduzierten Stückkosten zu produzieren.

Da es sich bei der Plattform um verbaute Funktionsgruppen handelt, die äußerlich nicht sichtbar sind, spricht man auch von versteckter Standardisierung. Standardisierungsbemühungen gab es früher auch schon. Der Effekt war, dass beispielsweise der VW Polo und der Audi 50 auch äußerlich nahezu identische Fahrzeuge waren. Im Gegensatz hierzu wird mit der Plattformstrategie dem Käufer das Gefühl des individuellen Fahrzeug(typs) suggeriert, da äußerlich keine Gemeinsamkeiten erkennbar sind.

Vorteile einer solchen Plattform sind, dass Entwicklungsaufwände eingespart und Herstellkosten durch Skaleneffekte reduziert werden. Der Anteil der Gleichteile von Fahrzeugen, die auf derselben Plattform aufgebaut werden, liegt teilweise bei bis zu 60%. Die Auswirkungen auf die administrativen Aufwände sind offensichtlich.

Versteckte Standardisierung kann sogar so weit gehen, dass ein Unternehmen ein Produkt höchster Qualität herstellt, aber in unterschiedlichen Qualitätsstufen verkauft. Im konkreten Fall wurde beispielsweise ein Datenübertragungskabel in bester Qualität (= höchste Datenübertragungsrate) hergestellt. Vertrieben wurde es mit unterschiedlichen Qualitäten, die dem Kunden unterschiedliche Übertragungsraten suggerierten. Die höheren Kosten in der Herstellung wurden durch reduzierte Aufwände in Entwicklung und Arbeitsvorbereitung, Synergien im Einkauf und Mengeneffekte in der Produktion mehr als kompensiert.

Standardisierung ist auch im Maschinen- und Anlagenbau ein legitimes Mittel, um Aufwand zu reduzieren. Hier richtet sich der Fokus ebenfalls auf die untergeordneten Stufen der Produkthierarchie, um Komplexität durch den Einsatz von standardisierten Bauteilen, Anschlüssen etc. soweit wie möglich zu reduzieren. Die Varianz entsteht erst auf einer möglichst hohen Stücklistenstufe und somit zu einem möglichst späten Zeitpunkt der Produktentstehung. Dies bietet immense Vorteile in Bezug auf die Herstellkosten, da entweder mit höheren Losgrößen und weniger Rüstaufwand produziert oder die Fertigung durch solche Lageraufträge nivelliert werden kann. Standardisierung bringt aber auch erhebliche Vorteile in Bezug auf die Lieferzeit mit sich, wenn die auftragsbezogene Endmontage auf vorgefertigte Baugruppen zugreifen kann und sich die vom Kunden wahrgenommene Durchlaufzeit nur noch auf die Montagezeit für diesen Prozessschritt reduziert. Die hiermit verbundene Kapitalbindung ist immer in Relation zu den Marktanforderungen, zu den Lieferzeiten des Wettbewerbs und zu dem zuvor vorhandenen WIP-Bestand zu sehen. Hinzu kommt: je höher der Standardisierungsgrad, desto höher die Anzahl der verbauten Gleichteile und der Lagerumschlag.

Aus Sicht der schlanken Administration verfolgt der Aufbau einer intelligenten Produktstruktur mit hohem Standardisierungsgrad ein zentrales Ziel: die Anzahl der Aufwandstreiber von Anfang an so gering wie möglich zu halten. Die Produktstruktur ist der Grundstein dafür, dass weniger Stücklisten, Arbeitspläne, Bestellungen, Fertigungsaufträge etc. zu generieren sind. Auf diese Weise wird der Aufwand der Administration nachhaltig reduziert.

Produktstandards durchsetzen

Einmal definiert, gilt es, diese Standards auch konsequent durchzusetzen. In der Praxis ist dies kein einfaches Unterfangen. Denn der Aufwand, eine Produktpalette neu zu strukturieren, ist teilweise sehr hoch und hängt von der Anzahl der Artikel und den Hierarchiestufen ab. Gerade im Maschinen- und Anlagenbau ist er häufig mit einer Grundsatzentscheidung über das zukünftige Produktkonzept verbunden.

! Gerade bei knappen Ressourcen in Entwicklung und Konstruktion ist die Überarbeitung der Produktstruktur ein Kraftakt, der erhebliche Ressourcen bindet. Vor dem Hintergrund der beschriebenen Verschwendung in allen nachgelagerten Abteilungen ist dieser Kraftaufwand jedoch dringend zu empfehlen. Eine offizielle Zustimmung durch die Technische Leitung ist hilfreich, um die Prioritäten in Entwicklung und Konstruktion in die richtige Richtung zu lenken.

Aber auch wenn diese Standards einmal definiert wurden, heißt das nicht, dass sie zum Selbstläufer werden. Schließlich sind Konstrukteure kreativ. Das zeigt auch das Beispiel eines Automobilzulieferers, der seine Produktion entsprechend der benötigten Technologien im Linienkonzept aufgestellt hatte. Als es darum ging, eine neue Produktfamilie zu designen, machte sich der zuständige Konstrukteur an die Aufgabe, ohne über den notwendigen Kenntnisstand zu verfügen, welche Fertigungsmöglichkeiten in der Produktion vorhanden und kostenoptimal einsetzbar sind. Demzufolge konstruierte er das Produkt so, dass es nicht auf einer bestehenden Fertigungslinie produziert werden konnte, sondern aufwändig im Verrichtungsprinzip als Exot hätte gefertigt werden müssen. Ein vorhandener Freigabeprozess für die Fertigung konnte dies noch verhindern, so dass durch ein leicht geändertes Produktdesign eine Produktion auf einer der bestehenden Fertigungslinien möglich wurde und die Herstellkosten deutlich reduziert werden konnten. Ein systematischer Produktentstehungsprozess hätte dies von vornherein vermieden.

Standards erfolgreich durchzusetzen ist (neben dem organisatorischen Aspekt der Produktstruktur) auch vor dem Hintergrund der vorhandenen IT-Unterstützung zu betrachten. Wenn die Suche nach einem vorhandenen Teil länger dauert als dessen Neukonstruktion, gerät ein Konstrukteur schnell in Versuchung, dieses Teil neu anzulegen. Aus diesem Grund muss die eingesetzte Software das Auffinden vergleichbarer Teile unterstützen, wenn nicht zusätzlicher administrativer Aufwand durch den Einsatz einer ‚Normenstelle' entstehen soll.

! Bauen Sie Hürden für neue Teilenummern auf, damit die Konstrukteure die Systematik vorhandener Sachmerkmalleisten überhaupt nutzen (Clark, Fujimoto 1991).

Administrativen Aufwand reduzieren: Die wertanalytische Betrachtung

Unter dem Aspekt der Produktgestaltung ist auch die wertanalytische Betrachtung der Produkte eine Voraussetzung, um administrativen Aufwand zu reduzieren. In diesem Zusammenhang ist nicht die Bewertung der Leistung indirekter Bereiche im Sinne der Gemeinkostenwertanalyse gemeint. Es geht um die Wertanalyse zur Reduzierung von Komplexität und Kosten eines Bauteils unter Berücksichtigung der notwendigen Funktionen. Ist die Wertanalyse grundsätzlich dafür ausgelegt, die Herstellkosten von Produkten zu reduzieren, so können bei konsequenter Anwendung auch administrative Aufwände reduziert werden. Nach VDI-Richtlinie 2800 Teil 2 ist die Wertanalyse ein organisierter und kreativer Ansatz, der einen funktionsorientierten und wirtschaftlichen Gestaltungsprozess zur Anwendung bringt. Das erklärte Ziel lautet, den Wert eines Produktes zu steigern.

Ich hatte Ihnen an anderer Stelle bereits Methoden benannt, um Marktanforderungen sicherzustellen. Ganz ähnlich verhält es sich hier. Denn mit der Wertanalyse wird das Ziel verfolgt, die Funktionen eines Produktes zu den niedrigsten Kosten zu realisieren, ohne dessen Qualität zu beeinflussen. Die Wertanalyse zielt auf drei Bereiche ab. Erstens sollen die Einstandskosten für Material reduziert werden, beispielsweise durch Standardisierung von Werkstoffen oder die Reduzierung von Anforderungen auf das Notwendige. Zweitens gilt es, die Anzahl von Teilen und Baugruppen zur Umsetzung der Funktionen auf ein notwendiges Minimum zu reduzieren. Dies gelingt durch Produktstandardisierung oder indem Funktionen auf wenige Funktionsträger übertragen werden. Und drittens soll der Aufwand zur Herstellung von Teilen und Baugruppen minimiert werden, beispielsweise durch Vereinfachung der Herstellung oder die Reduzierung von Montageprozessen.

Für eine schlanke Administration ist die Wertanalyse sehr interessant. Denn indem Bauteile reduziert bzw. vereinfacht werden, nimmt auch die Komplexität der administrativen Produkte ab. Auf diese Weise lässt sich die Anzahl von Zeichnungen, Arbeitsplänen und NC-Programmen reduzieren und der Aufwand zu deren Pflege nachhaltig verringern. Die größten Effekte werden bei der Anwendung der Wertanalyse auf das gesamte Teilespektrum erzielt. Sie ist jedoch auch geeignet, um die Komplexität aus einzelnen Teilefamilien bzw. Baugruppen herauszunehmen. Im Gegensatz zur Neuausrichtung der Produktstruktur entfällt damit das Argument des hohen Einmalaufwandes, auch wenn die größten Effekte bei einer ganzheitlichen Betrachtung erzielt werden.

4.3 Das Artikelsortiment – Grund allen Übels!?

Wenn Kosten verschleiert werden: Das Problem mit den C-Artikeln

Das Artikelsortiment hat entscheidenden Einfluss auf die wirtschaftliche Situation eines Unternehmens. Aus Sicht der Lean Administration ist weniger die erfolgreiche Positionierung einzelner Produkte am Markt von Interesse als vielmehr der interne Aufwand zu deren Abwicklung und Herstellung.

In vielen Unternehmen wird ein Teil der erwirtschafteten Marge dafür aufgebracht, C-Produkte zu subventionieren. Die Argumentation lautet meist, dass der Vertrieb diese Artikel dringend benötige, um den A-Kunden ein volles Sortiment anbieten zu können. Aufgrund fehlender Skaleneffekte in Administration und Produktion ist die Erstellung der Produkte jedoch aufwändig und verursacht Kosten, die vom Markt nicht getragen werden. Ein Referent brachte diesen Sachverhalt am Rande einer Tagung so auf den Punkt: „Jetzt war das Unternehmen zwar Vollsortimenter – aber pleite!"

Wissen, wo der Aufwand entsteht

Die fehlenden Skaleneffekte wirken sich nicht nur auf die Herstellkosten aus, die durch höhere Einstandskosten im Einkauf für ‚exotisches' Rohmaterial und höhere Fertigungskosten für geringere Losgrößen entstehen. Auch in der Administration ist ein deutlich erhöhter Aufwand zu verzeichnen, der sich nicht grundsätzlich in der Produktkalkulation widerspiegelt: Der Vertrieb muss für Exoten mindestens denselben Aufwand (absolut) für die Erfassung der Anforderungen und für den Verkauf selbst aufbringen wie für ‚Renner-Typen'. Relativ ist der Aufwand für C-Artikel also deutlich höher. Die Konstruktion betrifft dasselbe bezüglich der zu erstellenden Zeichnungen und die Arbeitsvorbereitung hinsichtlich der benötigten Arbeitspapiere. Bei der üblichen Verteilung von Gemeinkosten werden diese nach dem Gießkannenprinzip auf die geringen Absatzzahlen des C-Sortiments umgelegt, wodurch die wahren Kosten verschleiert werden. Solange das Ergebnis über das gesamte Sortiment hinweg stimmt, ist der Leidensdruck im Unternehmen nicht hoch genug, um an dieser Situation grundsätzlich etwas zu ändern.

Doch selbst wenn sich die Kosten auf eine gewissenhafte und verursachungsgerechte Kalkulation zurückführen lassen, ist nicht sichergestellt, dass mit den C-Artikeln auch tatsächlich Geld verdient wird. Preisnachlässe, steigende Rohmaterial- und Fertigungskosten, veränderte Kalkulationsgrundlagen sowie ein über die Zeit ansteigendes Lohnniveau führen dazu, dass C-Produkte einen nicht vertretbaren Aufwand in Relation zum erwirtschafteten Ergebnis erreichen können.

Das Artikelsortiment im Auge behalten

Das Artikelsortiment im Auge zu behalten ist aus diesem Grund eine zentrale Voraussetzung für nachhaltig schlanke Prozesse. Denn die Anzahl der Artikel ist für viele Tätigkeiten der Administration der zentrale Aufwandstreiber. Die Herausforderung besteht nicht darin, die Anzahl dieser Aufwandstreiber auf ein Minimum zu reduzieren, sondern vielmehr sicherzustellen, dass unter Berücksichtigung der Marktanforderungen bewusste Entscheidungen getroffen werden. Denn nur so wird es gelingen, dass mit allen Artikeln auch tatsächlich Geld verdient wird.

Fundierte Entscheidungen treffen

Voraussetzung, um bewusste Entscheidungen zu treffen, ist eine gezielte Entscheidungsvorbereitung. Dazu muss das Artikelsortiment bewertet werden.

Mit der ABC-Analyse Handlungsbedarf identifizieren

Grundlage ist die ABC- oder Pareto-Analyse, mit der bewertet wird, wie viel Umsatz bzw. welcher Deckungsbeitrag mit wie vielen und welchen Artikeln erzielt wird. Prinzipiell ist zu einer solchen Auswertung heute jedes ERP-System auf Knopfdruck in der Lage. Ein deutlich erhöhter administrativer Aufwand entsteht jedoch, wenn die dringend notwendige Korrelation zwischen Kunden-ABC- und Artikel-ABC-Analyse erstellt werden soll. Die ist aber zwingend notwendig, um zu ermitteln, welche C-Artikel an A-, B- und C-Kunden verkauft werden oder welche A-Kunden tatsächlich auch welche C-Artikel kaufen. Aus einer solchen Analyse leiten sich wertvolle Informationen ab, die häufig selbst dem Vertrieb nicht bekannt sind. Die Diskussion um vermeintliche Notwendigkeiten in Bezug auf den Verkauf von bestimmten Artikeln an bestimmte Kunden lässt sich so versachlichen und ersetzt vorhandene ‚Bauchgefühle'.

Moderne IT-Tools wie Business Intelligence-Systeme unterstützen den Anwender bei solchen Analysen und ersparen langwierige Excel-Auswertungen, die aufgrund einer gegebenenfalls wechselnden Kundenbasis und eines sich ändernden Produktmixes regelmäßig durchzuführen sind.

Zahlen, Daten, Fakten statt bunter Ampeln

Im Gegensatz zu klassischen Monitoring-Dashboards geht es nicht um bunte Ampeln oder hübsche Säulendiagramme, sondern um Zahlen, Daten, Fakten für Vertrieb und Produktmanagement. Bei der graphischen Darstellung einer ABC-Analyse lässt sich häufig ein interessanter Aspekt beobachten: Der kumulierte Deckungsbeitrag steigt für einen bestimmten Anteil des Produktsortiments auf über 100% an. Mit dem restlichen Teil des Sortiments wird allerdings ein negativer Deckungsbeitrag erwirtschaftet, so dass letztendlich mit 100% des Sortiments 100% Deckungsbeitrag erwirtschaftet werden. So kann es durchaus vorkommen,

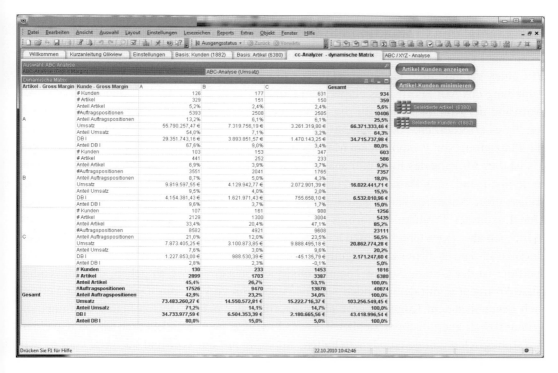

Bild 4-2: Beispiel einer kombinierten Kunden-/Artikel-ABC-Analyse

dass ein Unternehmen in Summe 5% mehr Deckungsbeitrag hätte erzielen können, wenn es die letzten 2% der C-Artikel gar nicht verkauft hätte.

Konsequent handeln – Produktportfolio bereinigen

Entsprechend der Einordnung der Artikel innerhalb der Matrix leiten sich unterschiedliche Strategien ab. Wenn aus den C-Artikeln nicht ein lukrativer Deckungsbeitrag resultiert, ist zu überlegen, ob dem Kunden nicht Alternativprodukte angeboten oder die Produkte von Extern zugekauft werden können. Es kann sogar sinnvoll sein, bei sehr schlechtem Deckungsbeitrag die Produkte ganz aus dem Portfolio zu nehmen oder schlicht die Preise zu erhöhen. Ähnlich wie bei den Artikeln im C-/C-Segment ist so für jedes Segment des Portfolios eine bewusste Entscheidung zu treffen. Dies gilt auch für C-Artikel, die an A-Kunden geliefert werden oder sogar für A-Artikel an A-Kunden. Die Frage in diesem Segment lautet, was getan werden muss, um diesen Anteil zu halten bzw. weiter auszubauen.

Lean Administration ist kein Selbstzweck. Vor diesem Hintergrund ist die konsequente Bearbeitung des Produktportfolios von Bedeutung. Es geht darum, die Grundlagen zu schaffen, Prozesse zügig und effizient abzuarbeiten. Wenn Exoten im Produktsortiment schon entsprechenden Aufwand in Administration und Produktion verursachen, sollte zumindest die finanzielle Seite stimmen.

Der ‚Luxus' des Produktmonitoring: Nachhaltigkeit sicherstellen

Mit einer Veränderung der Kunden- und Artikelstruktur geht grundsätzlich auch eine Verschiebung des ABC-Portfolios einher. Um eine bewusste Produktpolitik und einen erhöhten Aufwand der Administration für die Abwicklung von C-Produkten langfristig sicherzustellen, ist es erforderlich, einen Verantwortlichen zu benennen. Dessen Aufgabe besteht darin, die Platzierung von Produkten am Markt sowie deren Entwicklung zu monitoren. In der Praxis ist dies Aufgabe des Produktmanagements in Zusammenarbeit mit dem Vertrieb. Gerade in kleinen und mittelständischen Unternehmen existiert gar kein ‚Produktmanagement', sodass diese Aufgaben dann mehr schlecht als recht vom Vertrieb wahrgenommen werden. Den Luxus des Produktmonitorings (‚Luxus' im Sinne eines administrativen Aufwands) sollte sich aber jedes Unternehmen leisten. Der administrative Aufwand, um solche Analysen durchzuführen, ist heute kein Argument mehr, sich nicht damit auseinanderzusetzen. Viel häufiger ist der Grund, diesem Thema konsequent aus dem Weg zu gehen, das notwendige Sich-Arrangieren mit dem Kunden und die Angst, ihn zu verlieren. Denn, dass der Vertrieb sich gegenüber dem Kunden gerne als Vollsortimenter präsentiert, ist kein Geheimnis und grundsätzlich auch nachvollziehbar. Dass C-Produkte aber grundsätzlich benötigt werden, um strategisch wichtige Kunden zu halten, ist häufig nur ein Vorwand oder Unkenntnis über die wahre Lieferstruktur.

4.4 Die Organisation vorbereiten

Rohrkrepierer vermeiden: Der Personalstand

Um Lean Administration nicht zum Rohrkrepierer werden zu lassen und zum reinen Kopfzahlreduzierungsprogramm zu degradieren, sind gegebenenfalls personelle Anpassungen im Vorfeld nötig. Wenn in der Organisation zu viel Personal vorhanden ist, sei es durch ein reduziertes Mengengerüst auf der Marktseite oder eine betriebliche Reorganisation, so muss dieses Problem zunächst im Vorfeld gelöst werden. Das permanente Gefühl ‚es könnte mich treffen' dürfte nur schwerlich dazu beitragen, grundlegend etwas an der Sichtweise der Mannschaft über Verschwendung und Wertschöpfung zu ändern.

Eine ‚Bereinigung von Überkapazitäten' ist deswegen zwingende Voraussetzung für nachhaltigen Erfolg. Ich hatte es in Kapitel 2 bereits beschrieben: Der grundsätzlich benötigte ‚Ressourceneinsatz' der Administration ist für viele Unternehmen nur schwer zu ermitteln, und eine Abschätzung ‚aus dem Bauch' heraus sehr gefährlich. Darum ist dieser Aspekt im Vorfeld so wichtig. Um den Personalstand plausibel und nachvollziehbar zu beziffern, ist ein systematischer Ansatz unerlässlich. So können Sie beispielsweise die Tätigkeitsstrukturanalyse anwenden, gegebenenfalls auch im Rahmen einer Grüne-Wiese-Planung. Auf diese

Weise lässt sich der grobe Ressourcenbedarf über den gesamten Prozess bzw. Bereich ermitteln und anschließend im Rahmen des Lean Administration-Konzeptes verfeinern. Sprechen Sie jedoch erst von Lean Administration, wenn strukturelle Probleme bereinigt sind. Vorher ist es eine Gemeinkostenwertanalyse!

Die Organisation prozessorientiert ausrichten: Frequenz und Aufwand

In Kapitel 3 wurde ausführlich der Sinn und Zweck einer prozessorientierten Organisation beschrieben. Organisatorische Anpassungen können auch in Entwicklung und Konstruktion, Einkauf, Vertrieb oder produktionsnahen Stützbereichen sinnvoll sein. Und auch hier gilt, dass für solche Veränderungen eigentlich nicht ein Lean Management-Programm ursächlich sein sollte, sondern grundlegende Überlegungen über die Funktionsweise einer effizienten Organisation. Hierzu gehört auch die Trennung von strategischen und operativen Aufgaben, die sich in nahezu allen administrativen Bereichen wiederfinden und sich aus Sicht der Lean Administration signifikant unterscheiden. Während es bei den strategischen Aufgabenstellungen darum geht, das richtige Ergebnis nicht zwingend unter dem Gesichtspunkt der Produktivität zu erzielen, liegt der Bewertungsmaßstab für die operativen Aufgaben in erster Linie in der Bearbeitungseffizienz.

Sie erinnern sich: Ein administratives Produkt wird sowohl bei strategischen als auch bei operativen Tätigkeiten erzeugt. Beispiele für administrative Produkte aus strategischen Tätigkeiten sind eine Marketingstrategie, eine Entwicklungs-Roadmap oder ein Lieferantenentwicklungskonzept. Produkte operativer Tätigkeiten hingegen sind eine Auftragsbestätigung, ein Arbeitsplan oder eine Rechnung. Der grundlegende Unterschied zwischen strategischen und operativen Produkten besteht bei der Produkterstellung im Hinblick auf zwei zentrale Gesichtspunkte, nämlich Frequenz und Aufwand. Strategische Produkte zeichnen sich gewöhnlich durch einen seltenen bzw. unregelmäßigen Bedarf aus. Sie werden entweder in relativ großen zeitlichen Abständen voneinander oder erst auf Anforderung erstellt (Frequenz). Die Dauer für die Produkterstellung hängt vom Detaillierungsgrad der Aufgabenstellung ab. Strategische Aufgaben benötigen grundsätzlich Informationen von außerhalb des eigenen Unternehmens. Der Aufwand für die Produkterstellung ist deshalb nicht zuletzt abhängig vom Aufwand der Informationsbeschaffung.

Beide Aspekte sind letztendlich ausschlaggebend dafür, dass die Erstellung strategischer Produkte deutlich weniger planbar ist. Planbarkeit ist jedoch eine wesentliche Voraussetzung für einen stabilen Prozess und zwingende Voraussetzung für Lean Administration. Aus diesem Grund kann es sinnvoll sein, strategische und operative Aufgaben organisatorisch zu trennen.

Aufgabentrennung in der Produktentstehung

Der Bereich Entwicklung und Konstruktion ist ein gutes Beispiel dafür, dass strategische und operative Prozesse sinnvoll zu differenzieren sind. Die strategische Vorausentwicklung neuer Produkte oder Technologien verfolgt grundsätzlich andere Ziele, erfordert eine differenzierte Planung und benötigt andere Qualifikationen als eine operative Konstruktion. Versucht ein Unternehmen dennoch, dies unter einen Hut, lies: denselben Organisationsbereich, zu bringen, ist ein Scheitern vorhersehbar, da unvermeidbar Zielkonflikte auftreten: Die Machbarkeitsstudie wird zu Lasten wichtiger Kundenaufträge verschoben, oder der einzige Entwickler mit FMEA-Kenntnissen wird aufgrund seiner Qualifikation auf ein anderes Projekt mit hoher Priorität gesetzt. Wenn Innovation dann Voraussetzung für Markterfolg ist, geht der kurzfristige Projekterfolg zu Lasten des mittelfristigen Unternehmenserfolges.

In der Praxis wird aus diesem Grund die organisatorische Trennung von Forschung und Entwicklung einerseits und Konstruktion andererseits bereits von vielen Unternehmen als Erfolgsfaktor wahrgenommen und umgesetzt. Dies hat unmittelbare Auswirkungen auf den erforderlichen Ressourceneinsatz, da eine Teilung der Verantwortlichkeiten auch ein Vorhalten der entsprechenden Ressourcen bedingt. Diese Trennung ist deshalb in der Regel insbesondere in Konzernstrukturen anzutreffen, während im Mittelstand die Grenzen ressourcenbedingt häufig fließend sind.

Ein Versuch, auch in kleineren Unternehmen ‚das Eine zu tun, ohne das Andere liegen zu lassen‘, ist das Projektmanagement, mit dem Ressourcen und Kompetenzen eindeutig zugeordnet werden. Während dies bei großen Unternehmen gelebte Praxis ist, besteht bei überschaubaren Ressourcen, d.h. Kapazitäten und Qualifikationen, die Gefahr, durch falsche Terminplanung oder sich verändernde Prioritäten das ursprüngliche Ziel aus den Augen zu verlieren. Denn was heißt schon, Mitarbeiter Müller ist ‚dem Projekt zu 20% zugeordnet‘? Ein stringentes Projektmanagement auf Basis eines aggregierten Projektplans ist Voraussetzung, um Prioritäten und Verantwortlichkeiten zu beschreiben. Häufig handelt es sich in Entwicklung und Konstruktion um eine Matrixorganisation: Der Mitarbeiter ist fix einem (vorausentwickelnden) Fachbereich zugeordnet und wird in ein (operatives) Projekt eingebunden. In diesem Fall sollten Sie die Spielregeln unbedingt im Vorfeld definieren.

Aufgabentrennung im Einkauf

Auch die Aufgaben des Einkaufs lassen sich in strategische und operative Tätigkeiten unterteilen. Auf strategischer Ebene beinhaltet dies beispielsweise die Erschließung neuer Beschaffungsmärkte (Stichwort: Global sourcing), die Lieferantenauswahl und -bewertung, systematische Kostenreduktion, das Abschließen von Rahmenvereinbarungen oder die Optimierung der operativen Beschaffungsprozesse. Operativ sind diejenigen Tätigkeiten, die gemeinhin als Beschaffung bezeichnet werden wie die Disposition oder der Abruf von Materialien beim Lieferanten. Während der Beschaffer sinnvoller Weise am Ort des Geschehens platziert und in den Abwicklungsprozess eingebunden wird, muss der strate-

Vorausentwicklung		Tagesgeschäft	
Forschung Vorentwicklung	**Prozess-entwicklung**	**Serien-entwicklung**	**Prozessplanung**
Forschung: Grundlagenforschung Strategische Projekte **Vorentwicklung:** Realisierungskonzepte Machbarkeitsstudien Simulation Prototypen	Verfahrensentwicklung Technologieentwicklung	Konstruktion Design for x (Kostenreduktion) Standardisierung technisches Ände-rungsmanagement Stücklisten / Doku techn. Problemlösung Kostenreduktion	Arbeitspläne Standard-Montageprozesse Layoutplanung Werkzeugplanung

Bild 4-3: Beispiel einer systematischen Trennung von Vorausentwicklung und Tagesgeschäft für den Produktenstehungsprozess

gische Einkäufer Zeit für Analysen, Trends am Beschaffungsmarkt und Lieferantenverhand-lungen haben. Es liegt auf der Hand, dass hierfür andere Qualifikationen erforderlich sind als einem Lieferanten mitzuteilen, wann welche Menge welchen Materials zu liefern ist.

In Bezug auf die Kompetenzen kann es zudem sinnvoll sein, die Organisation nach Art bzw. Umfang der zu beschaffenden Güter zu unterteilen. Den Ausschlag geben wieder die erforderlichen Prozesse und das benötigte Anforderungsprofil der Mitarbeiter. Schließlich ist es nun einmal ein Unterschied, ob man Gussteile aus Indien und China beschafft, ein C-Teilmanagement mit einem deutschen Händler organisiert oder neue Werkzeugmaschinen einkauft. Inwieweit eine solche Trennung der Aufgaben in der Unternehmensorganisation abgebildet wird, ist letztendlich wieder eine Frage der zur Verfügung stehenden Ressourcen.

Aufgabentrennung im Auftragsmanagement

Eine systematische Aufgabentrennung im Auftragsmanagement ist in den meisten Unterneh-men schon alleine durch die unterschiedlichen Vertriebstätigkeiten im Außen- und Innen-dienst gegeben. Während der Außendienst damit beschäftigt ist, neue Kunden zu werben bzw. neue Produkte am Markt zu platzieren, ist es vorrangige Aufgabe des Innendienstes, die vorhandenen Aufträge zu managen. Beides sind jedoch operative Aufgaben, um Geschäft zu generieren. Strategische Fragestellungen werden nicht beantwortet. Hierzu gehören u.a.:

- Wie groß ist das Marktvolumen des Segments, in dem das Unternehmen tätig ist, und wie teilt es sich auf?
- Wie ist unser Wettbewerb positioniert?
- In welchen Märkten liegen die größten Potenziale?

- Wann sollten wir in welchem Umfang in welchem Markt präsent sein?
- Wie sieht eine Markteintrittsstrategie aus?

Im Mittelstand sind genau dies häufig die Fragen, die aufgrund nicht zur Verfügung stehender Ressourcen zu kurz kommen. Denn im Zweifelsfall hat die kurzfristige Generierung von Geschäft Vorrang. Die organisatorische Trennung der Aufgaben ist deshalb sinnvoll, um die für die strategischen Fragestellungen verantwortlichen Mitarbeiter nicht durch das operative Tagesgeschäft abzulenken. Im Mittelstand wird dieser Spagat dadurch erreicht, dass der verantwortliche Abteilungsleiter neben der Personalführung die strategischen Aufgaben übernimmt. Solange er dies konsequent macht, sich die dafür benötigte Zeit nimmt und das operative Tagesgeschäft zum ‚Selbstläufer‘ organisiert hat, ist auch nicht das Geringste dagegen einzuwenden. Es hilft aber nichts, nach mehr Personalressourcen zu rufen oder fehlende Führungskräftekompetenz zu bemängeln, wenn die vorhandenen Kapazitäten nicht anforderungsgerecht eingesetzt werden und geschult sind.

Aufgaben prozessorientiert zusammenfassen

Wurden die Aufgaben bereichsspezifisch in strategische und operative Fragestellungen untergliedert, folgt der letzte konsequente Schritt: Definierte Aufgabenpakete sind wieder zu konsolidieren, um Reibungsverluste zu vermeiden und Synergien zu schaffen. Das ist letztendlich das von Taylor beschriebene und häufig missverstandene Prinzip des Scientific

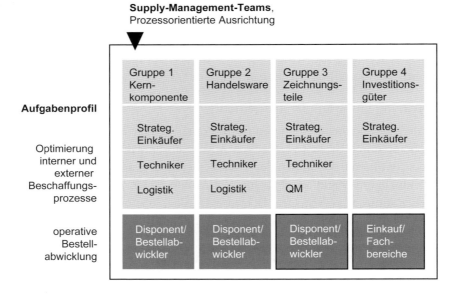

Bild 4-4: Beispiel einer systematischen Aufgabentrennung im Einkauf

Management (Taylor 1939). Beispiele sind das bereits zitierte Auftragszentrum, das operative Aufgaben aus Vertrieb, Disposition, Beschaffung und Produktionsplanung integriert, oder eine zentrale Störungsstelle, in der Funktionen aus Wartung und Instandhaltung, Ersatzteilmanagement und Prozesstechnik zusammengefasst werden.

4.5 Potenziale produktionsnaher Stützprozesse

Investitionsequipment standardisieren

Die Notwendigkeit, Standards durchzusetzen, gilt nicht nur für Prozesse und Produkte. Auch das Produktionsequipment birgt enorme Potenziale aufgrund häufig ungewollter und historisch gewachsener Diversifizierung. Produktionsanlagen, einschließlich der eingesetzten Maschinensteuerungen, Versorgungstechnik und Gabelstapler (die im Sinne einer konsequenten Lean Production ohnehin nur unter gewissen Rahmenbedingungen etwas in der Produktion zu suchen haben) sind die wesentlichen Investitionen, wenn es um das Thema Standardisierung von Produktionsequipment geht. Die jeweils ‚preisgünstigste Anschaffung' kann schnell zu einer Kostenfalle werden.

Denn unabhängig von den laufenden Betriebskosten ist beispielsweise für einen Bereich ‚Wartung und Instandhaltung' (sofern dieser Prozess nicht extern betrieben wird) nicht nur die Anzahl an Gabelstaplern der Aufwandstreiber. Genau genommen ist es die Anzahl unterschiedlicher Stapler, für die unterschiedliche Qualifikationen vorgehalten und unterschiedliche Ersatzteile verwaltet werden müssen. Für den Einkauf steigt gleichzeitig die Anzahl der Lieferanten, mit denen er verhandelt, und die Buchhaltung muss zusätzliche Kreditoren bearbeiten.

Fehlende Prozessstandards in dezentralen Bereichen

Am Beispiel eines Prozessfertigers, der an einem Standort vier Geschäftsbereiche betreibt, wird deutlich, wie mangelnde Standardisierung und Koordination zu erheblichen Mehraufwänden führen kann. Die Geschäftsbereiche waren ergebnisverantwortlich und damit autark in ihren Investitionsentscheidungen. Da im Anschluss an den eigentlichen Produktionsprozess die hergestellten Teile in großen Stückzahlen und hoher Temperatur entnommen werden mussten, war der Einsatz von Robotern ein sinnvoller und effizienter Automatisierungsschritt. In Ermangelung entsprechender Prozessstandards holten alle vier Geschäftsbereiche zu unterschiedlichen Zeiten unterschiedliche Angebote bei unterschiedlichen Roboterherstellern ein. Dadurch blieb zunächst das Potenzial von Skaleneffekten im Einkauf durch Volumenkonsolidierung unberücksichtigt. Das Ende vom Lied: Zum Schluss betrieben die vier Geschäftsbereiche trotz gleicher Anforderungen Roboter von drei unterschiedlichen Herstellern.

Der eigentliche Aufwand entstand jedoch erst für den Zentralbereich der Instandhaltung. Den hatte das Management Jahre zuvor aus den Geschäftsbereichen ausgegliedert und zentralisiert, um Synergien zu schaffen und Ressourcen zu sparen. Aufgrund erheblicher Herstellkosten der teuren Produktionsanlagen mussten für kritische Teile der Roboter entsprechende Ersatzteile bevorratet werden, wodurch die Kapitalbindung auf einen Schlag verdreifacht wurde. Aber auch für die Instandhaltung entstand entsprechender Aufwand, weil die Mitarbeiter an drei unterschiedlichen Systemen geschult und ausgebildet werden mussten. Der Störungseingang erfolgte ebenfalls über die zentrale Instandhaltung. Für den Fall, dass sie den Fehler nicht selber beheben konnten, stand sie mit drei unterschiedlichen Lieferanten in Kontakt. Und das Ende vom Lied: Die Abrechnung für die erbrachten Leistungen erfolgte schlussendlich mit drei unterschiedlichen Kreditoren.

Nun mag der eine oder ardere Leser vielleicht einwenden, dass das o.g. Beispiel nicht repräsentativ sei, da in vielen Unternehmen heute alleine schon die Potenziale im Einkauf Grund genug sind, um die (Investitions-)Bedarfe geschäftsbereichs- oder standortübergreifend zu bündeln. Das Beispiel zeigt meiner Meinung nach jedoch sehr gut, dass auch in dezentralen Strukturen standardisierte Unternehmensprozesse sinnvoll und notwendig sind. Wenn ‚Fürstentümer' auf das Durchsetzen ihrer eigenen Maßstäbe drängen, ist die Unternehmensleitung gefordert, dem Einhalt zu gebieten.

Dies wird an einem anderen Beispiel noch deutlicher, da es um eine Fragestellung geht, die die Mitarbeiter emotional berührt: Die Dienstwagenregelung. Erstaunlicher Weise ist das ein Aspekt, der in den meisten Unternehmen klar geregelt ist. Zu begründen ist das nur damit, dass aufgrund des emotionalen Faktors viel Unruhe durch Neid und Missgunst durch eine ‚individuelle Handhabung' entstehen kann. Um dem aus dem Weg zu gehen, werden vom Management eindeutige Vorgaben gemacht, welche Hierarchiestufe welche PKW-Klasse fahren darf. Stellt sich die Frage, warum dies nicht für andere Beschaffungen genauso gehandhabt wird, wo sie eigentlich viel effizienter wären.

Die Notwendigkeit von Beschaffungsrichtlinien!?

Beschaffungsrichtlinien bedeuten zwar einen administrativen Aufwand, sind aus Unternehmenssicht jedoch sinnvoll und notwendig. Insbesondere bei dezentralen Verantwortungsstrukturen sind sie Voraussetzung, um Standards durchzusetzen und die Anzahl der Komplexitätstreiber für die betroffenen Abteilungen in Grenzen zu halten. Wie dies im Einzelfall aussieht, kann individuell unterschiedlich ausgelegt werden, beispielsweise durch eine (hoffentlich digitalisierte und zentral gepflegte) Liste freigegebener Lieferanten oder durch einen Beschaffungspool im Intranet, in dem für bestimmte Güter direkt die entsprechenden Lieferanten dezentral ausgewählt werden können. Zu unterscheiden ist ein solcher Prozess sicher immer noch in ‚Investitionsgüter' und ‚normales' Beschaffungsgut. Nichtsdestotrotz ist die Vorselektion von Produkten und Lieferanten auch eine Aufgabe des strategischen Einkaufs.

In der Administration gibt es darüber hinaus eine Reihe von weiteren Beispielen, bei denen Beschaffungsrichtlinien sinnvoll sind, da sie im ‚administrativen' Alltag einen hohen Aufwand erzeugen. Dies gilt nicht ausschließlich für teure Investitionsgüter, sondern beispielsweise auch für die Standardisierung von Computern und Laptops, für Büromaschinen (Kopierer, Scanner) oder für einheitliche Handyverträge der Mitarbeiter.

Der Werksstrukturplan: Investitionen planen

Über die Vorteile eines standardisierten Produktionsequipments dürfte an dieser Stelle vermutlich Einigkeit bestehen. Die Probleme liegen eher in den Fehlern und Versäumnissen der Vergangenheit. Ein historisch gewachsener Maschinenpark wird ‚nicht mal eben ausgetauscht'. Auch eine Versorgungstechnik lässt sich nicht von heute auf morgen substituieren, während der Austausch einer Maschinensteuerung (beispielsweise im Rahmen eines Retrofit-Programms) schon eher kurzfristig zu realisieren ist. In anderen Worten: Die Optimierung des Produktionsequipments ist nicht auf das Erzielen von Quick Wins ausgerichtet, sondern Bestandteil einer mindestens mittelfristig ausgerichteten Produktionsstrategie. Auf Basis des zukünftigen Auftragsvolumens und des zu erwartenden Produktmixes werden die zukünftig benötigten Produktionstechnologien und -kapazitäten definiert und als Bestandteil eines ganzheitlichen Produktionssystems in einem Werksstrukturplan dokumentiert. Die Investition in neue Technologien ist genauso Bestandteil wie die Entsorgung veralteter Anlagen und Fertigungsverfahren. Auf Basis dieser Definitionen lassen sich auch konkretere Aussagen bezüglich der festzulegenden zukünftigen Standards für das Produktionsequipment (Maschinenhersteller, Steuerungen, Anbindung der Infrastruktur etc.) und die Versorgungstechnik treffen. Und auch wenn die Verlockung entsprechender Angebote zu gegebener Zeit groß ist, sollten die definierten Standards idealer Weise auch eingehalten werden.

Kapitel 5
Lean Administration erfolgreich anwenden
Methoden müssen wirken – nicht modern sein!

Die richtigen Methoden zu wählen ist ein zentrales Element erfolgreicher Lean Administration. Als ‚richtige Methode' sind dabei alle Maßnahmen zu verstehen, die zur Zielerreichung beitragen. Methoden müssen deshalb nicht modern, sondern wirksam sein.

5.1 Alter Wein in neuen Schläuchen? Warum nicht?

Um Lean Administration erfolgreich im Unternehmen aufzubauen, sind gewisse Voraussetzungen erforderlich: ein Wissen um die zu optimierenden Ziele und Prozesse, die zur Verfügung stehenden Methoden – und gesunder Menschenverstand. Über die Ziele und Prozesse sollten Sie sich, wie in Kapitel 2 beschrieben, nicht nur ausführlich Gedanken gemacht, sondern diese auch hinsichtlich ihres Potenzials zur Erfüllung der Marktanforderungen analysiert haben. Der gesunde Menschenverstand ist etwas, was man zunächst einmal niemandem absprechen sollte – auch wenn dieser im Eifer des Tagesgeschäftes manchmal ausgeblendet wird. So bleibt letztendlich die Frage, welche Methoden geeignet sind, um die Prozesse zu optimieren und die angestrebten Ziele zu erreichen.

Methoden zur Prozessoptimierung sind sinnvoll und erfolgreich, wenn sie wirken und den Ausgangszustand nachhaltig messbar verbessern. In der Praxis wird dem aber nur teilweise Rechnung getragen. Viele Unternehmen folgen wie die Lemminge ,innovativen' Managementhypes, die bei richtiger Anwendung eine signifikante Verbesserung versprechen.

In der Lean Administration kommen Methoden zur Anwendung, mit denen das Ziel verfolgt wird, Verschwendung zu vermeiden. Ob diese nun klassischerweise der Philosophie des Lean Management zuzuschreiben sind oder nicht, ist letztendlich zweitrangig. Unter den Begriffen ,Integrierte Auftragsabwicklung' und ,Business Process Reengineering' wurden Anfang und Mitte der 1990er Jahre zahlreiche Ansätze zur Prozessoptimierung entwickelt, die heute immer noch gültig und wirksam sind. Nichtsdestotrotz gibt es im Baukasten des Lean Management Prinzipien, die effektiv sind und die Wertschöpfung erhöhen.

Auf den folgenden Seiten erfahren Sie, welche Methoden grundsätzlich geeignet sind, um administrative Bereiche effizienter zu gestalten. Die Optimierung einzelner Prozesse hängt stark von den individuellen Voraussetzungen ab, so dass ein vollständiger Optimierungsansatz für einen administrativen Prozess an dieser Stelle zu weit führt. Dennoch soll anhand zahlreicher Beispiele gezeigt werden, welche Methoden und Tools sinnvoll zur Anwendung kommen und welche Voraussetzungen für deren Wirksamkeit gegeben sein sollten.

5.2 Ziele und Methoden abgleichen

Der Einsatz von Methoden orientiert sich sinnvollerweise an den Zielen, die Sie erreichen wollen. In einem ersten Schritt ist es hilfreich, den Status quo in einer kombinierten Ziel-/Methodenmatrix (Laqua 2007) darzustellen. Dazu tragen Sie einfach die in der Administration eingesetzten Ressourcen (Mensch, Prozess, IT) über die definierten Ziele, die durch Umsetzung der Lean Administration erreicht werden sollen, auf. In die hieraus entstehende Matrix tragen Sie anschließend je Feld die Methoden ein, die der jeweiligen Ressource zuzuordnen sind und einen Beitrag für das entsprechende Ziel leisten (siehe Bild 5-1).

So könnte beispielsweise das Ziel sein, eine möglichst hohe Flexibilität in der Organisation und den Prozessen abzubilden. Dann macht es Sinn, für die Ressource Mitarbeiter flexible Gleitzeitmodelle und eine Qualifizierungsmatrix einzuführen. Diese gibt vor, wie viel Qualifikationen je durchzuführender Aufgabe im Minimum vorzusehen sind, um ausreichend auf Krankheit, Urlaub oder ein sich änderndes Mengengerüst reagieren zu können.

Ein anderes Beispiel: Sind Null-Fehler ein definiertes Ziel für die administrativen Prozesse, dann benötigen Sie Übergabespezifikationen für einzelne Prozessschritte. Denn nur so lassen sich Fehler frühzeitig identifizieren und die ‚Veredelung von administrativem Ausschuss‘ vermeiden. Auf diese Weise werden letztendlich auch Ressourcen geschont und Durchlaufzeiten reduziert.

Eine solche Zuordnung von Methoden für den Ist-Zustand fällt in der Praxis im ersten Versuch erfahrungsgemäß eher mager aus. Der Grund lässt sich leicht benennen: Die Systematik ist ungeübten Anwendern nicht bekannt, andererseits fehlen auch die geeigneten Maßnahmen

Ziel	Methode			KPI
	Mensch	Prozess	IT	
hohe Flexibilität	AZ-Modell, Qualifizierungs-Matrix, Mitarbeiterrotation	hoher Autonomiegrad	-	Volumenflexibilität
hohe Produktivität	AZ-Modell Mitarbeiterrotation	KAIZEN	Optimierung Produktstruktur u. Fertigungstiefe	Mitarbeiter-Wertschöpfung
kurze Durchlaufzeiten	AZ-Modell Qualifizierungs-Matrix	FIFO, synchron. Prozesse, One-Piece-Flow	Textbausteine, Workflows	Durchlaufzeit
geringe Fehlerquote	Qualifizierungs-Matrix	stabile Prozesse Office-Poka Yoke	Mussfelder ERP-System	Termintreue

Bild 5-1: Die Ziel-/Methodenmatrix als Grundlage einer ‚Lean Administration-Systematik‘

zur Zielerreichung. Häufig ist in den Unternehmen aber auch mehr an Systematik vorhanden als zunächst gedacht. Es fehlen aber der Überblick darüber sowie das Know-how, wie sich die einzelnen Methoden untereinander systematisch verknüpfen lassen.

Mit der letzten Spalte wird schließlich dokumentiert, welche Kennzahlen eingesetzt werden, um den Grad der Zielerreichung zu überwachen. Auch diese sind in der Administration nur selten anzutreffen und liegen deshalb in den wenigsten Fällen quantifiziert vor.

Grundsätzlich ließe sich bei dieser Darstellung die Prozesssicht selbst als dritte Dimension eröffnen, da es durchaus Methoden gibt, die prozessspezifisch unterschiedlich anzuwenden sind. Eine kurze Durchlaufzeit im Teilprozess ‚Ideengenerierung und -bewertung‘ wird sich in der Praxis anderer Methoden bedienen als im Teilprozess ‚Konstruktive Auslegung und Design‘. Gleiches gilt auch prozessübergreifend, wenn beispielsweise in der Produktentstehung eine FMEA (DGQ 2008) zur Fehlervermeidung eingesetzt, während im Auftragsmanagement eher auf simple Poka Yoke-Prinzipien zurückgegriffen wird, damit Fehler im operativen Tagesgeschäft nicht entstehen. Für eine erste Visualisierung wird die Integration der Prozesssicht in die Ziel-/Methodenmatrix in der Regel jedoch zu komplex.

! Die Individualisierung der Methoden über die einzelnen Prozesse und Ziele empfiehlt sich erst in der vollständigen Beschreibung der zukünftigen Lean Administration-Systematik. Daraus leitet sich ein ‚Operating System‘ ab, das die eingesetzten Methoden vollständig beschreibt.

5.3 Die Lehren aus dem Aufbau von Produktionssystemen

In der Produktion bildet die im vorigen Abschnitt beschriebene Vorgehensweise (ergänzt um die Produktionsressourcen Maschine und Material) die Grundlage, um ein individuelles Produktionssystem aufzubauen. Auf diese Weise wird sichergestellt, dass zwei zentrale Fehler vermieden werden.

Fehler 1: Die Systematik erfolgreicher Unternehmen ‚abkupfern‘

Der erste, häufig anzutreffende Fehler besteht darin, dass das Produktionssystem von einer anderen erfolgreichen Systematik ‚übernommen‘ wird. Anders gesagt: es wird einfach abgekupfert. Produktionssysteme sind nur erfolgreich, wenn sie speziell auf die Bedürfnisse des Unternehmens zugeschnitten sind. Ein Toyota-Produktionssystem (TPS), bekannt als der ultimative Maßstab einer solchen Systematik, ist deshalb erfolgreich, weil es auf die Serienproduktion der Automobilbranche in einem japanischen Unternehmen ausgerichtet ist. Ein Unternehmen, das beispielsweise in Niedersachsen Werkzeugmaschinen baut, wird an einer nicht adaptierten Übernahme des TPS wenig Freude haben. Selbst branchenspezifische Produktionssysteme haben in der Praxis zwar eine ähnliche Ausrichtung und verfolgen teilweise sogar die gleichen Ziele. Dennoch werden einige Bausteine des Produktionssystems, unternehmensspezifisch bedingt, immer voneinander abweichen. Dies kann beispielsweise die Rohmaterialversorgung betreffen, die Arbeitszeitgestaltung oder die Sicherstellung stabiler Prozesse.

Der Erfolgsfaktor liegt also nicht in einer möglichst detailgetreuen Übernahme fremder Systematiken und Prinzipien. Es geht vielmehr darum zu erkennen, warum die eingesetzten Methoden unter den gegebenen Rahmenbedingungen wirken. Mit diesem Wissen wird es gelingen, die richtigen Methoden für eine schlanke Produktion erfolgreich auch im eigenen Unternehmen anzuwenden.

Fehler 2: Die Systematik top-down auf dem Shop floor durchsetzen

Der andere grundlegende Fehler besteht darin, das Produktionssystem ausschließlich top-down aufbauen zu wollen. Zwar werden am grünen Tisch auf Basis der formulierten Ziele Prinzipien formuliert – aber mit der Realität auf der Werkstattebene haben sie herzlich wenig zu tun. Die ‚Stärke' solcher Systeme liegt meist nur in der Darstellung nach außen: Auf dem Papier ist zwar alles wie aus dem Lehrbuch beschrieben, aber in der Produktion stapeln sich die Bestände und die Maschinen stehen im Öl, obwohl beim letzten 5S-Audit die volle Punktzahl vergeben wurde. Dieses Problem ist zumeist die logische Konsequenz aus Fehler 1, denn die Dokumentation eines Produktionssystems lässt sich viel leichter besorgen als das Wissen, worum es tatsächlich geht.

Das Geheimnis erfolgreicher Produktionssysteme

Erfolgreiche Produktionssysteme weisen zwei wesentliche Merkmale auf. Einerseits werden die Prinzipien und die einzusetzenden Methoden unternehmensspezifisch über die Ziele und die Betrachtung des Wertstroms abgeleitet. Daraus folgt, dass eine hohe Produktivität in der kapitalintensiven Prozessindustrie eine andere Bedeutung besitzt und mit anderen Methoden belegt wird als in einem Montagebetrieb. Andererseits entsteht die Systematik erst durch die Auswahl und Harmonisierung entsprechender Methoden, um Zielkonflikte von vornherein aufzulösen. So wird den Zielen ‚hohe Flexibilität' und ‚kurze Durchlaufzeiten' beispielsweise mit möglichst kleinen Losgrößen entsprochen, was jedoch im Konflikt zu ‚hoher Produktivität' steht. Aus diesem Grund müssen entsprechende Gegenmaßnahmen eingeführt werden, die einer erhöhten Rüstfrequenz der Produktionsanlagen durch kürzere Rüstzeiten je Vorgang und einer höheren Anlagenverfügbarkeit entgegenwirken. Dies erfolgt beispielsweise durch die Implementierung von SMED (Single Minute Exchange of Die) oder geeignete TPM (Total Productive Maintenance)-Maßnahmen, die ein Produktionssystem sinnvoll ergänzen. Erst das Wissen um solche Zusammenhänge und insbesondere deren Umsetzung machen aus einer Ansammlung von Methoden eine Systematik. Und genau die gilt es in die Administration zu übersetzen.

Ein weiterer Faktor erfolgreicher Produktionssysteme sind die Mitarbeiter, die auf die Ziele der Produktion hinarbeiten und sich dafür der Methoden des Produktionssystems bedienen. Hierfür sind sie entsprechend geschult und wenden das vorhandene Know-how konsequent an. Auch hier ist das Toyota-Produktionssystem vorbildlich, was aber auch auf die japanische Mentalität zurückzuführen ist. Hierauf werde ich in Kapitel 6 noch einmal näher eingehen.

5.4 Branchenunabhängige Ansätze

Die allgemein gültigen Methoden der Lean Administration zeichnen sich dadurch aus, dass sie unabhängig von Branche und Art des Geschäftsmodells gelten. Hier geht es nicht um prozessspezifische Ansätze, mit denen Verschwendung vermieden wird, sondern um die Steigerung der Wertschöpfung im administrativen Alltag.

Den Top 3-Zeitfressern im administrativen Alltag den Garaus machen

Wie in Kapitel 1 beschrieben, sind die Top 3-Zeitfresser im administrativen Alltag: Besprechungen, die Suche nach Informationen sowie die Bearbeitung von E-Mails. Alleine hier lassen sich enorme Zeitpotenziale holen, die wieder wertschöpfend eingesetzt werden können. Wenn diese konkret quantifiziert werden, lässt sich mit der Umsetzung entsprechender Gegenmaßnahmen schnell und pragmatisch beginnen.

Wie in Kapitel 2.2 beschrieben, eignen sich Besprechungsstandards oder 5S-Aktivitäten insbesondere dazu, um eine Aufbruchstimmung im Unternehmen zu erzeugen. Durch einfache Maßnahmen lassen sich mit vergleichsweise wenig Aufwand schnelle Erfolge erzielen. Der Effekt: Die Bereitschaft zur Veränderung auf Seiten der Mitarbeiter wird nachweislich größer.

Zu einer effizienten Art der Informationsbereitstellung gehören auch die One Point Lessons, zu Deutsch ‚Durchblicker‘. Deren vorrangige Intention ist, dass Mitarbeiter ein definiertes Ergebnis auf einfache Art und Weise reproduzieren. Durchblicker sind visualisierte Darstellungen eines kurzen Ablaufs oder eines Zielzustands, die direkt am Gemba, am Ort des Geschehens, angebracht werden. Sie kommen sowohl in der Produktion als auch in der Administration zur Anwendung und beschreiben auf anschauliche Art und Weise, wie beispielsweise ein Kopiergerät bedient, eine Kaffeemaschine gereinigt oder ein Besprechungstisch für Gäste gedeckt wird. Sie werden genutzt, um standardisierte Arbeitsabläufe zu beschreiben, für die eine Verfahrens- oder Arbeitsanweisung zu aufwändig ist. Der Vorteil dieser Methode ist, dass die Anweisung dort vorhanden ist, wo sie benötigt und dass je nach Art der Beschreibung ein Zielzustand eindeutig beschrieben wird. Durchblicker werden deshalb häufig im Rahmen von 5S-Aktivitäten eingesetzt.

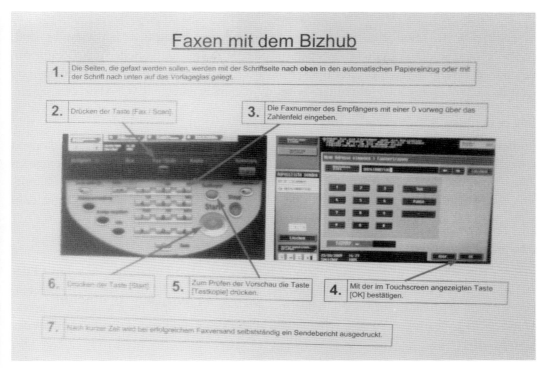

Faxen mit dem Bizhub

1. Die Seiten, die gefaxt werden sollen, werden mit der Schriftseite nach **oben** in den automatischen Papiereinzug oder mit der Schrift nach unten auf das Vorlageglas gelegt.

2. Drücken der Taste [Fax / Scan].

3. Die Faxnummer des Empfängers mit einer 0 vorweg über das Zahlenfeld eingeben.

6. Drücken der Taste [Start].

5. Zum Prüfen der Vorschau die Taste [Testkopie] drücken.

4. Mit der im Touchscreen angezeigten Taste [OK] bestätigen.

7. Nach kurzer Zeit wird bei erfolgreichem Faxversand selbstständig ein Sendebericht ausgedruckt.

Bild 5-2: Beispiel eines ‚Durchblickers'

‚Melden macht frei': E-Mails

Eine Sache für sich sind auch E-Mails – für die einen ein steter Hort der Freude (weil sie ‚für Abwechslung sorgen'), für die anderen ein ständiges Ärgernis, weil überhaupt nicht effizient. Richtig. In den meisten Unternehmen, so unsere Erfahrung, konnte durch die Nutzung dieses Kommunikationsweges die Anzahl des Aufwandtreibers Besprechungen nicht im Geringsten reduziert werden. Im Gegenteil. E-Mails werden heute häufig genutzt nach dem Motto ‚Melden macht frei'. Möglichst viele Mitarbeiter werden mit vielen Informationen versorgt mit der Folge, dass sich letztendlich niemand mehr verantwortlich fühlt. Eine ineffiziente Handhabung von E-Mails ist nicht nur Verschwendung von Zeit, weil nicht notwendige Nachrichten bearbeitet werden müssen. Sie erzeugt auch Reibungsverluste durch fehlende bzw. nicht eindeutige Verantwortlichkeiten. Einen Weg aus dieser Misere zeigen einfache Regeln im täglichen E-Mail-Verkehr. Sie tragen erheblich dazu bei, dieses Kommunikationsmedium wirklich effizient zu nutzen. Es genügt, wenn schon ein paar wenige eingehalten werden. Aus Sicht der Lean Administration gehören hierzu:

Ein ausgewählter Verteilerkreis

Es werden nur die Mitarbeiter adressiert, die wirklich vom Inhalt der Mail betroffen sind. Verantwortlich ist der eigentliche Adressat (‚senden an'). Der ‚cc-Verteiler' ist so klein wie möglich zu halten. Überlegen Sie, ob Sie ihn überhaupt benötigen. Die Versendung von E-Mails kann übrigens auch sinnvoller Weise in Anlehnung an eine RACI-Matrix erfolgen.

Eine prägnante Betreffzeile

Formulieren Sie Ihr Anliegen bereits in der Betreffzeile eindeutig. Mystische Andeutungen helfen hier keinem weiter. Die Betreffzeile stammt schließlich noch aus Zeiten des guten alten Briefversands, als ein solches Detail noch ernst genommen wurde. Ist mit der Betreffzeile alles gesagt, enden Sie mit <eom> (end of message). Damit weiß der Empfänger, dass er die Mail erst gar nicht mehr öffnen muss, weil kein weiterer Inhalt folgt.

Eine kurze Beschreibung des Inhalts bzw. Ihres Anliegens

Lange Mails halten auf und sind langweilig. Hinzu kommt, dass Empfänger sie aufgrund der Vielzahl von Mails häufig nur überfliegen. Bei zu langen Mails kann es deshalb passieren, dass wesentliche Inhalte am Ende überlesen werden. Ist Ihre Mitteilung wirklich so erklärungsbedürftig, überlegen Sie, ob Sie nicht doch lieber zum Telefon greifen oder intern das Gespräch suchen.

Ein kontrollierter Versand von Anhängen

Das Lesen von Anhängen erzeugt zunächst einmal Aufwand, der sich entsprechend summiert, wenn der Adressatenkreis sehr groß ist. Hinzu kommt, dass grundsätzlich eine Datenredundanz erzeugt wird, weil das Originaldokument im Intranet ja irgendwo abgelegt ist. Wenn jeder mit seiner eigenen Ablage anfängt und gegebenenfalls auch noch unterschiedliche Revisionsstände ablegt, nehmen Chaos und Verschwendung ihren Lauf.

Ein koordiniertes Abarbeiten

Aufgrund der Vielzahl von Mails heutzutage sind viele geneigt, manche erst gar nicht mehr zu beantworten (was aufgrund der o.g. Aspekte teilweise auch gar nicht der Erwartungshaltung des Senders entspricht). Oder man hat gerade wichtigere Dinge zu tun (was in der Tat ja durchaus passieren kann). Wenn beim Sender jedoch die Nachricht eintrifft, dass ‚Mail nicht gesendet wurde, weil Postfach des Empfängers voll', hört der Spaß auf. Denn dies kann dem Empfänger schnell als Arroganz ausgelegt werden (‚XY interessiert das wohl nicht!'). Darum sollten E-Mails Informationen und Inhalte schnell an den zuständigen Empfänger transportieren. Dahinter steckt in der Regel die Erwartungshaltung, dass der Inhalt zur Kenntnis genommen und entsprechend verarbeitet wurde. Das Auflaufen von E-Mails sollte deshalb tatsächlich nur im wohlverdienten Urlaub vorkommen.

Ein überdachtes Versenden

Als es noch keine E-Mails gab, wurden Briefe über das Sekretariat versendet. Das war aufwändig und kostete Zeit, hatte aber den großen Vorteil, dass da jemand saß, der nicht nur stilsicher war, sondern (hoffentlich) auch Korrekturlesen konnte. Heute kann jeder E-Mails an Kollegen, Lieferanten und Kunden versenden, egal wie sicher er oder sie im Umgang mit Rechtschreibung oder Grammatik sind. Auch die überschnelle und gegebenenfalls emotionale Reaktion auf entsprechende Vorkommnisse sollte vermieden werden. Schreiben Sie nichts, was Sie später bereuen könnten. Denken Sie an eine förmliche Anrede, eine aussagekräftige Signatur, und nehmen Sie sich die Zeit, den Inhalt noch einmal in Ruhe zu prüfen und zu überdenken, ehe Sie auf ‚senden' drücken.

Eine koordinierte Ablage

Hier sind wir letztendlich wieder bei einem 5S-Thema. Eine standardisierte Ablage der E-Mails mittels einer thematischen Ordnerstruktur trägt in erheblichem Maße dazu bei, Informationen schnell wiederzufinden. Überlegen Sie genau, ob das E-Mail-Programm wirklich der passende Ort ist, um Information zu archivieren oder ob es nicht doch besser ein CRM- (Customer Relationship Management) oder ein Dokumentenmanagementsystem sein sollte.

Prozessbeschreibungen, Workflows & Co. wirksam einsetzen

Als übergeordnetes Thema und grundsätzliches Prinzip des Lean Management gehört zu den Grundlagen der Lean Administration auch ein möglichst hoher Standardisierungsgrad, sowohl in Produkten als auch Prozessen. Die Schaffung von Standards bezieht sich an dieser Stelle jedoch nicht auf die Definition von Produktstandards, sondern auf standardisierte Arbeit in einzelnen Prozessschritten. Gerade weil das Ergebnis der zu leistenden Arbeit, das administrative Produkt, nicht immer eindeutig beschrieben ist und der Weg dorthin ebenfalls häufig dem Mitarbeiter überlassen bleibt, hat standardisierte Arbeit in der Administration eine noch größere Bedeutung als in der Produktion.

Ein wesentlicher Ansatzpunkt, um Arbeit zu standardisieren, ist deren Beschreibung, beispielsweise in den Verfahrens- und Arbeitsanweisungen des QM-Systems. Deren Hauptproblem liegt jedoch darin, dass sie häufig nicht bekannt sind oder nicht gelebt werden. Die Aufgabe besteht darin, sie im Rahmen der Lean Administration zu neuem Leben zu erwecken und zu überprüfen, inwieweit sie wirklich unbürokratisch einen Arbeitsablauf beschreiben oder lediglich erstellt wurden, um einem Auditor zu gefallen.

Verfahrens- und Arbeitsanweisungen bilden eine gute Grundlage, um die Prozesse hinsichtlich Verschwendung zu hinterfragen und schlanker zu gestalten. In diesem Zusammenhang gehören Fragestellungen wie „Ist der Prozessschritt wirklich erforderlich?", „Muss die Ablage in der Form stattfinden?" oder „Warum durchläuft die Ersatzteilbestellung einen anderen Prozessablauf als die normale Bedarfsanforderung für Rohmaterial?" Wenn solche

Prozessbeschreibungen anschließend hinsichtlich ihres Lean-Potenzials überarbeitet und auch tatsächlich in der Praxis angewandt werden, ist dies ein wesentlicher Schritt, um Prozesse und Arbeitsinhalte zu standardisieren und damit reproduzierbar zu machen.

Standards durchsetzen: IT-Systeme nutzen

Um Prozessstandards erfolgreich zu implementieren, ist ein Ansatzpunkt, die vorhandene IT effizient zu nutzen. Moderne IT-Systeme bieten heute umfassende Möglichkeiten, um standardisierte Abläufe abzubilden. Hier ist in erster Linie die Möglichkeit, Workflows einzurichten, zu nennen. Diese beschleunigen einerseits einen Prozess und stoßen den jeweils nächsten Prozessschritt automatisiert an. Andererseits vermeiden sie Verschwendung durch die Weitergabe von Informationen in Papierform.

Workflows gezielt einsetzen

Ein Beispiel für einen effizienten Workflow ist die Anlage eines Artikelstamms, die naturgemäß dadurch geprägt ist, dass eine Vielzahl von Abteilungen an diesem Prozess beteiligt sind: Die Konstruktion legt den Artikel an, die Arbeitsvorbereitung entscheidet über Eigenfertigung oder Fremdbeschaffung und die Materialwirtschaft legt die Dispositionsparameter fest. Ein standardisierter Workflow kann einen solchen Prozess unter den richtigen Umständen erheblich beschleunigen. Hierbei erfolgt nach der jeweiligen Bearbeitung des Artikelstamms durch eine Abteilung automatisch eine Benachrichtigung der nächsten verantwortlichen Organisationseinheit. Voraussetzung ist allerdings, dass Spielregeln aufgestellt und auch eingehalten werden. So muss u.a. sichergestellt werden, dass die Bearbeitung innerhalb eines definierten Zeitfensters zu erfolgen hat. Andernfalls sollte eine Benachrichtigung an den Prozessverantwortlichen erfolgen und eine zügige Bearbeitung durch eine eindeutige Stellvertreterregelung gewährleistet sein.

Standards definieren und konsequent anwenden

An dieser Stelle sei noch auf eine weitere Möglichkeit wirksamer Standardisierung verwiesen, die moderne IT-Systeme heute zur Verfügung stellen. Wie in Kapitel 2 beschrieben, entsteht in der Administration über alle Prozesse eine Vielzahl von Produkten. Um die Produkterstellung zu vereinfachen, können entsprechende Standards genutzt werden.

Das einfachste Beispiel sind Textbausteine für die Angebotserstellung, die Auftragsbestätigung oder die Rechnungsstellung. Es gibt aber auch noch viel effizientere Möglichkeiten. Ein gutes Beispiel sind Standard-Arbeitspläne, mit deren Hilfe sich die Anzahl der Produkte (=Arbeitspläne) und damit die Menge der Komplexitätstreiber von vornherein nachhaltig reduzieren lässt. So ist beispielsweise ein Arbeitsplan für einen ‚Dichtstoff rot' genauso aufgebaut wie ein Arbeitsplan für einen ‚Dichtstoff grau'. Das einzige Unterscheidungsmerkmal ist die Farbe. ERP-Systeme bieten die Möglichkeit, für beide Produkte einen Standard-

Arbeitsplan unter der Voraussetzung anzulegen, dass die Prozessschritte, die Reihenfolge der Bearbeitung sowie die Prozessparameter dieselben sind. Wenn Änderungen im Arbeitsplan erfolgen, werden diese einmalig auf einen Standard-Arbeitsplan angewandt und gelten für alle dem Arbeitsplan zugeordneten Artikel. Die Folge davon ist, dass sich der Änderungs-aufwand nachhaltig reduzieren lässt. Je nach Art und Aufbau des Produktspektrums kann erfahrungsgemäß die Anzahl der Aufwandstreiber um bis zu 60% reduziert werden.

5.5 Prozessunabhängige Methoden

Unabhängig von den jeweiligen Prozessen gibt es grundlegende Ansätze, die die Wertschöpfung in der Administration erhöhen.

Durchlaufzeiten reduzieren: Arbeitsinhalte planen und synchronisieren

Lange Durchlaufzeiten in der Administration kommen in der Regel aus einer ungeplanten Einsteuerung von Aktivitäten in den Prozess, nicht eindeutigen Prioritäten sowie nicht abge-stimmten Ressourcen. Auch in diesem Punkt unterscheidet sich die Administration nicht von der Produktion. Um Durchlaufzeiten von administrativen Produkten zu reduzieren, ist es daher wichtig, bestimmte Regeln bei der Prozessauslegung zu berücksichtigen.

Kapazitäten planen

Zunächst stellt sich die Frage, wie viel Arbeitsvorrat in einen Prozess gegeben werden sollte, damit dieser auch tatsächlich noch adäquat abgearbeitet werden kann. Dies stelle man sich ähnlich vor wie das Kapazitätsprofil einer Produktionsmaschine: Bis zu einem bestimmten Level können Aufträge für ein bestimmtes Zeitfenster platziert werden, bevor der Kapazitäts-bedarf das Kapazitätsangebot übersteigt und die Verschiebung der Aufträge auf der Zeitachse die logische Konsequenz bedeutet. Kann der Fertigungssteuerer mit dieser Verschiebung leben, wird der Termin akzeptiert. Der Auftrag braucht jedoch noch nicht in den Prozess eingesteuert zu werden, da er ohnehin nicht bearbeitet werden kann.

Für die Administration ist die Einsteuerung von Aufträgen unter ähnlichen Gesichtspunkten zu betrachten. Voraussetzung ist einerseits eine Terminierung der durchzuführenden Arbeiten und andererseits das Wissen um das vorhandene Kapazitätsangebot sowie den Bedarf. Eine Kapazitätsplanung in der Konstruktion ist beispielsweise heute gar keine Seltenheit mehr und wird in der Praxis bereits von vielen Unternehmen durchgeführt. Stellt sich die Frage, warum dies nicht auch in Auftragsabwicklung, Einkauf, Personal- oder Rechnungswesen erfolgt. Dies kann beispielsweise mit einem aggregierten Projektplan erfolgen, der im Zusammen-hang mit dem Produktentstehungsprozess in Kapitel 5.6 beschrieben wird.

Arbeitsvorrat visualisieren und steuern

Und selbst wenn Kapazitäten in administrativen Prozessen geplant werden, birgt eine aktive Steuerung des Arbeitsvorrates häufig weiteres Potenzial. So unterliegt man auch in der Administration gerne der Versuchung, Aufträge in einen Prozess einzusteuern, auch wenn die Kapazitäten dafür nicht vorhanden sind, oder Aufträge bereits einzusteuern, auch wenn dies zeitlich noch gar nicht erforderlich ist. Sind die erforderlichen Kapazitäten nicht ausreichend vorhanden, um den zu bewältigenden Arbeitsvorrat abzuarbeiten, muss das Kapazitätsangebot über die aktive Nutzung von Gleitzeitkonten oder den Einsatz externer Kräfte bzw. Mitarbeitern aus anderen Abteilungen erhöht werden. Kann dies nicht realisiert werden, ist das gleichbedeutend mit einer Erhöhung der Durchlaufzeit.

Aufträge zu früh in einen Prozess einzusteuern ist hingegen grundsätzlich zu unterbinden. Auf diese Weise werden nicht nur künstlich ‚WIP‘-Bestände an administrativen Produkten aufgebaut. Es besteht auch die Gefahr, dass Mitarbeiter sich aufgrund nicht definierter Prioritäten eines von ihnen favorisierten Auftrags bedienen und die wirklich wichtigen liegen bleiben.

Die Einsteuerung der Aufträge an die Kapazitäten anzupassen sowie die Sicherstellung der richtigen Bearbeitungsreihenfolge erfolgt in der Produktion über ein so genanntes Pitchboard. Dies lässt sich grundsätzlich auch auf die Administration übertragen. In der Waagerechten werden die verfügbaren Mitarbeiter und in der Senkrechten die für einen Auftrag benötigten Zeit eingetragen. Die Aufträge werden bei der Einsteuerung einem Mitarbeiter, beispielsweise aus Konstruktion oder Einkauf, zugeordnet und der benötigte Zeitbedarf dafür abgeschätzt. Der nächste Auftrag für diesen Mitarbeiter wird erst nach Ablauf der geplanten Zeit auf dem Pitchboard eingesteuert.

! Ein Pitchboard empfiehlt sich immer dann, wenn die Bearbeitungszeiten ein Volumen einnehmen, das ihre Planung rechtfertigt. ‚Erledigungen‘ von 10 Minuten werden sinnvoller Weise nicht über ein solches Hilfsmittel geplant, da der Aufwand zur Planung die eigentliche Bearbeitung übersteigt.

Pitchboards sind geeignet, um Aufträge mit Bearbeitungszeiten über einen halben Arbeitstag effektiv zu steuern. Je nachdem, wie der Planungsprozess über weitere Bearbeitungsschritte gestaltet wird, kann auch das Prinzip FIFO sichergestellt werden, damit der Auftrag, der mit hoher Priorität als erster eingesteuert wurde, auch tatsächlich als erster fertig wird. Auch wird der reale Arbeitsvorrat über das Pitchboard transparent visualisiert.

Arbeitsinhalte synchronisieren

Bei der Einsteuerung sollte unbedingt auf den Prozess in Summe geachtet werden. Wenn beispielsweise ein Auftrag zur Prozessplanung eingesteuert wird, die anschließend benötigten Kapazitäten von Werkzeug- und Prototypenbau aber nicht zur Verfügung stehen, kann

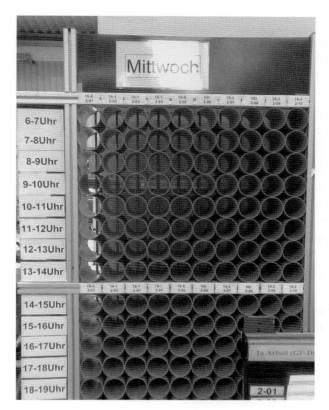

Bild 5-3: Pitchboard zur Kapazitäts- und Reihenfolgesteuerung

die Planung über den Gesamtprozess nur suboptimal werden. Zwar wird die Prozessplanung in der geforderten Zeit ihr Ergebnis abliefern, der Auftrag wird jedoch spätestens vor dem Werkzeugbau ins Stocken geraten.

Demzufolge gilt es, die zur Verfügung stehenden Ressourcen mit den zur Bearbeitung anstehenden Aufträgen zu synchronisieren. Im Beispiel des Serienanlaufmanagements übernimmt dies der Launch Manager als Bindeglied zwischen Entwicklung und Produktion. Seine Aufgabe ist es, auf Basis des SOP (Start of Production) dafür Sorge zu tragen, dass alle Meilensteine des Serienanlaufs auch tatsächlich erreicht werden. Er ist in dieser Funktion nicht verantwortlich für die Meilensteine selbst, sondern agiert als Support und Vermittler der jeweils Verantwortlichen aus Konstruktion und Produktion.

Das Hauptaugenmerk eines Launch Managers liegt in der Koordination und Vermittlung zwischen den Bereichen, die am Prozess beteiligt sind. Gleichzeitig muss er einen Überblick über den Gesamtprozess haben, Termine einschätzen können und sollte in jedem Fall über ein gewisses ‚Standing' in der Organisation verfügen. Daraus lässt sich konkret ableiten,

111

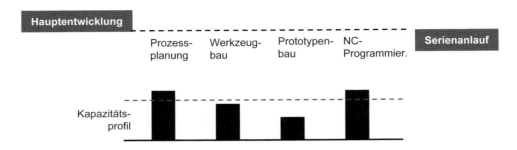

Bild 5-4: Abteilungsübergreifende Kapazitätsplanung am Beispiel Produktentstehung

dass dies keine Position ist, die mit Mitarbeitern besetzt werden sollte, die an anderer Stelle ‚übrig' bleiben.

Das Launch Management stammt ursprünglich aus der Automobilindustrie, kommt aber inzwischen in unterschiedlichen Branchen zum Einsatz. So hat es sich mittlerweile auch in der Halbleiterindustrie etabliert, wo time-to-market ein ganz zentraler Wettbewerbsfaktor ist und die Durchlaufzeit bzw. Sicherstellung des SOP die wesentlichen Erfolgskenngrößen sind (Pehl 2002).

Bearbeitungsreihenfolgen beachten

Ebenso übertragbar aus dem Lean Production-Umfeld wie das FIFO-Prinzip ist der One Piece Flow, um kurze Durchlaufzeiten von administrativen Produkten sicherzustellen. Eigentlich ist es selbstverständlich, dass innerhalb eines Prozesses ein Produkt an die nächste zu bearbeitende Stelle weitergegeben wird, wenn es fertig ist. In der Praxis sieht dies jedoch in der Administration nicht selten anders aus, und Aufträge werden auch in Zeiten moderner IT-Systeme im Stapel bearbeitet. Dazu gehören beispielsweise die Bestellungen, die gebündelt einmal die Woche an den Lieferanten übermittelt werden, oder die Konstruktionsaufträge, die nach vollbrachtem Tagewerk in die Arbeitsvorbereitung gebracht werden. Andererseits gehören hierzu auch die Terminrunden, bei denen ein ganzer ‚Stapel' besprochen wird, damit sich eine solche Runde auch tatsächlich lohnt.

In Zeiten leistungsstarker IT-Systeme sprechen nur ganz wenige Ausnahmen gegen einen One Piece Flow in der Administration. Bestellungen an Lieferanten können direkt via E-Mail durchgeroutet werden (da ja zuvor ein Rahmenauftrag ausgehandelt wurde). Per Workflow lässt sich die Erstellung der Arbeitspapiere nach Fertigstellung einer Konstruktion anstoßen, und mit dem Ausdruck des Lieferscheins wird automatisch die Rechnungsstellung in der Buchhaltung ausgelöst. Bei letzterem sollte schon alleine aus Sicht des Umlaufkapitals darauf geachtet werden, dass Rechnungen auch versandt werden, sobald die Leistung erbracht wurde.

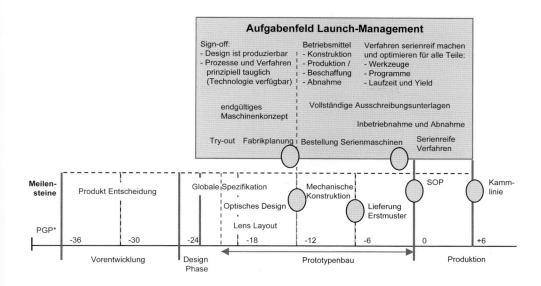

Bild 5-5: Grobskizzierung des Aufgabenfeldes eines Launch Managers

Durchlaufzeitoptimierung am Beispiel von Lieferserviceklassen

Eine Ausnahme hatte ich erwähnt. Unter definierten Rahmenbedingungen kann die Ermittlung von Lieferterminen im Stapel verarbeitet werden, sofern sich dies nicht durch die Implementierung von Lieferserviceklassen vollständig vermeiden lässt. Die Ermittlung von Lieferterminen basiert auf dem herzustellenden Auftragsvolumen, das naturgemäß über eine Zeitperiode variiert. Würde hier jeder Kundenauftrag einzeln geplant werden, wären wiederholte Umplanungen die Folge, wenn ein später eintreffender Kundenauftrag eine höhere Priorität (in der Regel kurzfristigeren Liefertermin) hat. Demzufolge bedient man sich auch hier einer Methode der Lean Production, indem ein bestimmter Arbeitsvorrat (= Stapel) zur Bestimmung der optimalen Reihenfolge zusammengefasst wird. In der Praxis sollte dies einen Arbeitsvorrat von einem Tag nicht übersteigen.

Vor dem Hintergrund, dass der Kunde auf eine Antwort wartet und der Aufwand für die Lieferterminermittlung möglichst klein gehalten werden sollte, sind die erwähnten Lieferserviceklassen in jedem Fall zu bevorzugen. Bei der Verwendung von Lieferserviceklassen werden die Artikel nach bestimmten Lieferzeiten gruppiert. So beträgt die Lieferzeit für verfügbare Lagerware 24 Stunden, für Fertigware (die aus Halbfabrikaten hergestellt werden kann) beispielsweise 3 Arbeitstage und für Exoten (für die nur das Rohmaterial vorhanden ist) 2 Wochen. Mit einer solchen Gruppierung wird es möglich, beliebig viele Artikel in solchen Gruppen zusammenzufassen, ohne dass jedes Mal aufwändig für jeden Auftrag neu der Liefertermin ermittelt werden muss. Für Lagerware sind Lieferserviceklassen natürlich auch heutzutage in vielen Unternehmen Standard, auch wenn sie dort gegebenenfalls anders

113

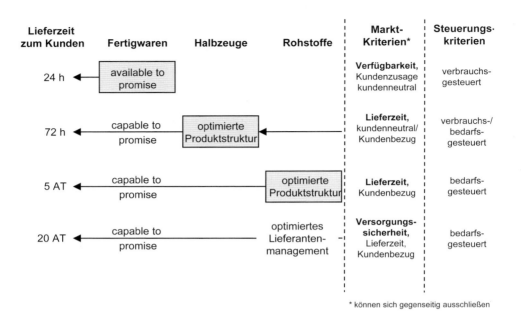

Lieferzeit zum Kunden	Fertigwaren	Halbzeuge	Rohstoffe	Markt-Kriterien*	Steuerungs-kriterien
24 h	available to promise			Verfügbarkeit, Kundenzusage kundenneutral	verbrauchs-gesteuert
72 h	capable to promise	optimierte Produktstruktur		Lieferzeit, kundenneutral/ Kundenbezug	verbrauchs-/ bedarfs-gesteuert
5 AT	capable to promise		optimierte Produktstruktur	Lieferzeit, Kundenbezug	bedarfs-gesteuert
20 AT	capable to promise		optimiertes Lieferanten-management	Versorgungs-sicherheit, Lieferzeit, Kundenbezug	bedarfs-gesteuert

* können sich gegenseitig ausschließen

Bild 5-6: Lieferserviceklassen vermeiden aufwändige Prozeduren zur Lieferterminermittlung

heißen mögen. Deutlich vereinfachend wirken sich Lieferserviceklassen beispielsweise auf Artikel aus, bei denen aus (möglichst wenigen) vorgefertigten Materialien (möglichst viele) unterschiedliche Artikelvarianten hergestellt werden.

Neben der Reduktion des administrativen Aufwands zur Lieferterminfindung ist der große Vorteil von Lieferserviceklassen, dass der Vertrieb dem Kunden gegenüber unmittelbar aussagefähig ist und aufwändige Terminabsprachen vermieden werden. In einem konkreten Praxisbeispiel ist es beispielsweise gelungen, 5000 unterschiedliche Artikel in drei unterschiedliche Lieferserviceklassen einzuteilen, wodurch alleine drei Mannjahre für Tätigkeiten mit mehr Wertschöpfung eingesetzt werden konnten.

Zu beachten ist allerdings, dass die Organisation in der Lage sein muss, diese definierten Standards auch einzuhalten, denn die Verfügbarkeit von Material sowie flexible Kapazitäten sind hier unabdingbar.

Qualität sicherstellen: Mitarbeiter qualifizieren und sensibilisieren

Kurze Wiederbeschaffungszeiten und damit auch Lieferzeiten bedingen stabile Prozesse. Ist ein Prozess nicht stabil, kommt es zu Iterationsschleifen, die zu längeren Durchlaufzeiten führen und eine Planung nachhaltig erschweren.

Übergabespezifikationen beschreiben die Erwartungshaltung des Kunden

Zur Stabilisierung eines Prozesses ist es erforderlich, das zu erzielende Ergebnis eindeutig zu beschreiben und daraus die Anforderungen an die vorgelagerten Prozessschritte abzuleiten. Dies bedeutet, dass bestimmte Anforderungen vorliegen müssen, damit überhaupt ein verlässliches Ergebnis erzielt werden kann.

Einfachstes Beispiel ist die Auftragsabwicklung an der Nahtstelle zum Kunden. Damit ein Auftrag ‚abgewickelt' werden kann, ist es erforderlich, dass durch den Außendienst alle erforderlichen Informationen in Bezug auf das zu veräußernde Endprodukt, Liefertermin, Zahlungskonditionen etc. vorliegen, da sonst alleine für die Auftragsklärung bereits vier bis acht Wochen Durchlaufzeit entstehen. Diese Situation spitzt sich übrigens noch zu, wenn der Vertrieb(-saußendienst) lediglich dafür verantwortlich ist, die Aufträge ins Haus zu holen und sich daraus variable Gehaltsbestandteile ableiten. Wenn solche Provisionen rein umsatzabhängig sind, wo liegt da noch das Interesse des Vertrieblers, den Auftrag sauber zu spezifizieren – anstatt sich lieber um den nächsten zu kümmern?

Es geht also darum, die Verantwortlichkeit für eine saubere Spezifikation zu definieren und die notwendigen Hilfsmittel zur Verfügung zu stellen. An dieser Stelle lässt sich die Frage nach der Verantwortlichkeit relativ schnell und eindeutig beantworten. Interessanter ist vielmehr die Frage, wer die Spezifikation beschreibt. Antwort: Das müssen genau die internen Kunden leisten, die diese Informationen verarbeiten. Als Ergebnis kann eine solche Spezifikation in Form einer Checkliste dokumentiert werden. Diese ist letztendlich als Gedankenstütze zu sehen, dass alle relevanten Informationen vom Kunden eingeholt werden. Konsequenterweise wird diese Spezifikation solange nicht vom nachgelagerten Prozess angenommen, bis alle Details geklärt sind. Das Ergebnis kann, wie bereits erwähnt, auch ein Produktkonfigurator sein, der einerseits den logischen Zusammenhang von Baugruppen (welche Varianten sind überhaupt möglich?) und andererseits die Vollständigkeit eines Auftrags (was muss alles zum Lieferumfang gehören?) berücksichtigt.

Die Beispiele für die Notwendigkeit von Übergabespezifikationen lassen sich über alle administrativen Prozesse beliebig fortsetzen. Der Einkauf benötigt eine genaue Spezifikation, was er überhaupt beschaffen soll, das Personalwesen, welches die Anforderungen an die Mitarbeiterqualifikation und die Buchhaltung, welche Positionen nun genau zu welchen Konditionen in Rechnung zu stellen sind. Welche Informationen jeweils vorliegen müssen, wird immer durch den oder die jeweiligen Kunden bestimmt, denen die Mühe nicht erspart bleibt, dies einmal zu dokumentieren. Letztendlich heißt es dann: Lieber einmal die Säge schärfen anstatt dauernd mit stumpfem Sägeblatt zu sägen.

Mitarbeiterqualifikation planen

Die Qualität in der Administration wird in erheblichem Umfang auch durch die Qualifikation der eingesetzten Mitarbeiter beeinflusst. Genauso wie der Kunde spezifizieren muss, wie das Ergebnis eines vorgelagerten Prozesses auszusehen hat, damit er selbst einwandfrei arbeiten kann, ist festzulegen, welche Qualifikation bei den Mitarbeitern vorliegen muss, damit die erwarteten Resultate auch tatsächlich eintreffen.

Die Mitarbeiterqualifikation in administrativen Prozessen fristet jedoch vielfach immer noch ein stiefmütterliches Dasein. Man nehme die Einführung eines neuen IT-Systems. Idealer Weise werden hier im Vorfeld die Prozesse analysiert, gegebenenfalls auch optimiert und mit dem neuen System harmonisiert. (‚Harmonisiert' heißt hier, dass zwar nicht mit Gewalt alle Prozesse auf die Software auszurichten sind, andersherum aber auch überlegt werden sollte, warum die Prozesse des Systems im Standard so ausgelegt wurden.) Wenn zum Schluss die Zeit und das Geld bei der Implementierung knapp werden, fallen die notwendigen Schulungen für die Arbeit am System häufig ‚hinten über'. Aus lauter Nichtwissen werden Eingaben im System gemacht, die zunächst gut versteckt sind und deren Auswirkungen erst später im Prozessablauf in voller Tragweite offensichtlich werden.

Ein Beispiel ist die Einführung von SAP in einem mittelständischen Zulieferbetrieb, die so ‚lean' erfolgte, dass innerhalb von zwölf Monaten ein Go-live über alle Module mit einem vergleichsweise überschaubaren Budget erfolgte. Letzteres kam dadurch zustande, dass nur wenige Key-User tatsächlich geschult wurden. Das Übertragen von deren Know-how auf die Mitarbeiter der Fachbereiche fand allerdings aus unterschiedlichen Gründen kaum noch statt. Und so kam es, dass im Endeffekt die Fertigungssteuerung nicht mehr die Fertigung steuerte, sondern lediglich Kundenaufträge in Fertigungsaufträge umwandelte, da der sinnvolle Umgang mit Planaufträgen nicht bekannt war. Dies führte zu erheblichen Problemen in der Produktion, die in langen Durchlaufzeiten, schlechter Termintreue und hohen WIP-Beständen zum Ausdruck kamen.

Schuld sind dann häufig die, die am wenigsten dafür können: die operativ Ausführenden. Es ist Aufgabe des Prozessverantwortlichen, dafür Sorge zu tragen, dass die Mitarbeiter eine angemessene, ausreichende Qualifikation für ihre Aufgaben haben. Will man eine Qualifikation systematisch aufbauen, kommt man an einer Qualifikationsmatrix nicht vorbei. Diese bezieht sich nicht alleine auf die Fachkompetenzen, sondern beinhaltet Methodenkompetenz ebenso wie Soft skills und soziale Kompetenz.

Fehler systematisch vermeiden

Trotz Qualifikation sind die Mitarbeiter auch nur Menschen und nicht vor Fehlern gefeit. Daher kann es sinnvoll sein, eine Systematik einzuführen, die Fehler soweit wie möglich vermeidet. In diesem Zusammenhang fällt einem neben bekannten Maßnahmen wie FMEA oder Fehlerbaumanalyse (Henning 1994, Ericson 1999) die Frage ein, wie sich Poka Yoke sinnvoll auf die Administration übertragen lässt. In der Tat gibt es einige Möglichkeiten, Fehler in administrativen Prozessen zu vermeiden. Der bereits beschriebene Workflow gehört ebenso dazu wie die Definition von Mussfeldern in der IT. Mit dem Workflow wird sichergestellt, dass alle relevanten Stationen einer Prozesskette auch tatsächlich involviert werden. Letztendlich ist der Workflow nichts anderes als der automatisierte Ablauf eines Prozesses: Defi-

Qualifikationsmatrix

Mitarbeiter	Fachkompetenz	Bsp.: Bedienung 3D-CAD-Beherrschun	individuell nach Abteilung	individuell nach Abteilung	individuell nach Abteilung	individuell nach Abteilung	individuell nach Abteilung	individuell nach Abteilung	Methodenkompetenz	Beherrschung FMEA	Prozessfähigkeitsbetrachtung	...	Soft Skills	Einsatzbereitschaft	Flexibilität	Lernbereitschaft	Kreativität	Arbeitsqualität	Termineinhaltung	Umsetzung aktiven Handelns	Soziale Kompetenz	Kommunikationsverhalten	internes Gruppenverhalten	Verhalten gegenüber Kunden	Einhalten der Spielregeln
Mitarbeiter A														3	2	3	2	3	2	2		3	2	3	3
Mitarbeiter B														1	2	2	3	2	1	2		2	2	3	1
Mitarbeiter C														3	3	3	2	3	3	2		3	1	3	3

Jede Kompetenz wird in 3-5 Stufen unterteilt. I.d.R. wird dabei die Fachkompetenz in 5, die Soft Skills und die Soziale Kompetenz in 3 Stufen eingeteilt.
Für jede Stufe erfolgt eine eindeutige Beschreibung. Bei der Fach- und Methodenkompetenz erfolgt dies anhand von hard facts, die soft skills unterliegen häufig der subjektiven Bewertung, kann aber im Sinne einer Weiterqualifizierung angepasst werden.

Beispiel Fachkompetenz
CAD-Beherrschung
1 hat keine CAD-Erfahrung
2 kann einfache Zeichnungen erstellen
3 kann einfache Modelle erstellen
4 kann komplexe 3D-Modelle erstellen
5 ist mit allen Funktionen vertraut und beherrscht ein komplexes 3D-CAD-System vollständig

Beispiel Soft Skills:
Einsatzbereitschaft
1 privates Interesse steht über dem Kundeninteresse
2 engagiert sich im üblichen Rahmen und erkennt das Kundeninteresse
3 engagiert sich deutlich über den üblichen Rahmen hinaus, das Kundeninteresse steht über dem eigenen

Für das Eintragen des Qualifikationsniveaus kann man entweder die Stufe eintragen, die der Mitarbeiter in der Kompetenz erreicht hat oder definieren, ab welcher Stufe das Kreuz in die Matrix eingetragen wird (Bsp.: bei der Fachkompetenz bekommt der Mitarbeiter ab Stufe 3 ein Kreuz. Das Eintragen des Kreuzes ist übersichtlicher, das Eintragen der Qualifikationsstufe aussagekräftiger. Hiermit kann man auch die Anzahl (=Summe) der Punkte pro Mitarbeiter einfach ermitteln.

Bild 5-7: Beispiel für eine Qualifikationsmatrix in der Administration (Konstruktion)

nierte Bereiche müssen Entscheidungen treffen, andere werden informiert oder müssen ihren Beitrag zum Prozess liefern. Erst nachdem dies erfolgt ist, wird der Prozess weitergeführt.

Mussfelder sind der Klassiker für die systematische Fehlervermeidung in der Administration. Dadurch, dass ein Ergebnis nicht gespeichert oder eine Maske nicht weggeklickt werden können, bis ein entsprechendes Datenfeld gefüllt wurde, wird sichergestellt, dass notwendige Informationen auch tatsächlich vorhanden sind. (Dadurch ist im Prinzip immer noch nicht final geklärt, ob der Eintrag auch tatsächlich richtig ist. Zumindest aber ist er erst einmal vorhanden.) Auch dies lässt sich pragmatisch bei der Anlage von Kundenaufträgen, bei der Neuanlage von Artikelstämmen, bei der Anlage von Personaldaten oder im Rahmen einer Rechnungsstellung abbilden. Poka Yoke lässt sich jedoch nicht nur mit der entsprechenden IT-Unterstützung realisieren. Dort, wo tatsächlich noch Formulare und Checklisten in Papierform eingesetzt werden, können diese beispielsweise farblich eindeutig gekennzeichnet werden, um sicherzustellen, dass für die richtigen Tätigkeiten die richtigen Dokumente eingesetzt werden. Dieselben Ansätze bieten sich an, wenn das Marketing beispielsweise seinen Messestand einräumt und die farblich gekennzeichneten Roll-ups in die farblich passend gekennzeichnete Verpackung verstaut wird. Damit kann sichergestellt werden, dass beim nächsten Mal auch tatsächlich die richtigen Roll-ups in der beschrifteten Tasche enthalten sind.

In der Praxis bewährt haben sich auch die bereits beschriebenen Durchblicker, da mit sehr wenig Aufwand ein sehr großer Effekt erzielt werden kann und direkt am Ort der potenziellen Fehlerentstehung die richtige Handhabung von Tätigkeiten nachvollziehbar wird.

Was darüber hinaus ein ganz wesentlicher Ansatz zur Fehlervermeidung in der Administration ist: Räumen Sie auf! Es gibt kaum einen effizienteren Ansatz zur Fehlervermeidung in der Administration, als den Zugriff auf alte beziehungsweise nicht mehr aktuelle Dokumente, Unterlagen und Dateien zu vermeiden. Wer kennt es nicht aus der Praxis: Der Kunde ruft an und hat Fragen zu Ihrem Angebot. Das liegt in vier unterschiedlichen Versionen an drei unterschiedlichen Stellen, und welches davon Ihr Gesprächspartner gerade vor sich hat, bleibt ein Rätsel, das man sich am besten auch nicht vom Kunden auflösen lässt. Gleiches gilt auch für Verträge im Personalwesen, Produktdatenblätter im Marketing oder den Projektordner auf dem Laufwerk. Der Zugriff auf veraltete beziehungsweise nicht mehr gültige Dokumente und Dateien muss grundsätzlich geregelt sein. ‚Geregelt' kann in diesem Zusammenhang eine effiziente Revisionsverwaltung, gegebenenfalls auch in einem Dokumentenmanagement-System, sein, kann aber auch bedeuten, den Zugriff auf veraltete Informationen vollständig zu sperren. Ein effizientes Mittel kann auch sein, die Speichermöglichkeit auf (dezentralen) Computern sowie den Versand von Dokumenten als Anhang zur E-Mail zu unterbinden, um zu vermeiden, dass unterschiedlich aktuelle Dateien dezentral ‚verwaltet' werden.

Kurz gesagt: Es gibt natürlich sehr viele Fehlermöglichkeiten in der Administration. Es gibt aber auch sehr viele Ansätze, diese zu vermeiden. Mit ein wenig Kreativität und (deutlich mehr notwendiger) Durchsetzungskraft lassen sich viele Fehler im Tagesgeschäft konsequent vermeiden. Man muss einfach nur anfangen.

Produktivität steigern: Manchmal ist weniger mehr

Produktivität zu steigern heißt, entweder mit bestehenden Ressourcen einen höheren Durchsatz zu erzielen oder den gleichen Durchsatz mit weniger Ressourcen zu bearbeiten. In der Administration sind die Ressourcen in der Regel die Mitarbeiter. Der Durchsatz definiert sich über die Aufwandstreiber und den je Treiber zu leistenden Aufwand.

Durch die bisher beschriebenen Ansatzpunkte zur Vermeidung von Verschwendung, sowohl auf struktureller Ebene als auch in den Prozessen, wird sich die Produktivität im Prinzip von alleine erhöhen. Eine veränderte Denkweise bei Mitarbeitern und Vorgesetzten wird ebenso dazu beitragen, dass zukünftig die Wertschöpfung im Vordergrund stehen wird. Inwieweit es darüber hinaus sinnvoll ist, gezielte Maßnahmen zur Steigerung der Produktivität einzuleiten, sollte sich ein Unternehmen gut überlegen. Schließlich geht es darum, die Mitarbeiter für eine Veränderung der Sichtweise und der Arbeitsorganisation zu begeistern und zu motivieren. Ob dies durch ausgeklügelte Kontrollmechanismen gelingt, ist eher fraglich. Dennoch bleibt die Produktivität eine zentrale Kenngröße, um Prozesseffizienz zu bewerten.

! Zu empfehlen ist, unter Berücksichtigung der Ausführungen in Kapitel 3.7, auch die Entwicklung der Produktivität der Administration zu messen, um die Wirksamkeit der eingeleiteten Maßnahmen zu verfolgen. Produktivität sollte auf keinen Fall das einzige Bewertungskriterium für Lean Administration sein.

5.6 Prozessspezifische Optimierung

Neben den prozessunabhängigen Methoden zur Reduzierung administrativen Aufwands gibt es eine Vielzahl von Optimierungsansätzen, die spezifisch auf einzelne Prozesse zutreffen. Auf struktureller Ebene gehören hierzu die in Kapitel 4 beschriebenen Aspekte, um Lean Administration zur Wirkung zu bringen. Wer jetzt sofort in dieses Kapitel geblättert hat, um die für ihn relevanten Methoden in seinem spezifischen ‚Problemprozess' herauszufiltern, hat den ganzheitlichen Ansatz von Lean Administration zumindest noch nicht ganz verinnerlicht. Zwar gibt es in der Literatur natürlich bereits einige Werke zum Thema ‚Lean Procurement' (Bechmann, Karaca 2009, Winzel 2004) oder ‚Lean Innovation' (Schuh 2005, Wördenweber, Wickord 2008). Sofern diese Ansätze Anspruch auf einen ganzheitlichen Ansatz erheben, sollten sie auch über strukturelle Rahmenbedingungen und organisatorische Voraussetzungen diskutieren und sich nicht auf 5S im Büro oder Kanban für Druckerpapier beschränken.

Prozessseitig leiten sich die erforderliche Maßnahmen und Ansätze in der Regel unmittelbar aus den Verschwendungsfaktoren ab, denn wie gesagt: Methoden müssen wirken, nicht modern sein. Liegen die zentralen Stellhebel für Verschwendung je Prozess erst einmal vor, lassen sich in der Regel auch die entsprechenden Gegenmaßnahmen einleiten. Im Folgenden werden deshalb einige prozessbezogene Beispiele aufgeführt, die nicht den Anspruch auf Allgemeingültigkeit besitzen. Sie weisen jedoch grundsätzlich noch einmal auf die Philosophie hin, auf der wirkungsvolle Lean Administration aufbaut: Menge der Aufwandstreiber sowie Aufwand je Treiber reduzieren, Verschwendung vermeiden und dadurch Wertschöpfung erhöhen.

Lean Order fulfillment: Die richtigen Methoden im Auftragsmanagement

Die wesentlichen Aspekte für das Auftragsmanagement habe ich in den vorausgegangenen Kapiteln bereits angesprochen. Es geht darum, die Anforderungen des Kunden zu treffen, die internen Reibungsverluste soweit wie möglich zu reduzieren und einen schnellen Zahlungseingang sicherzustellen. Das Erfüllen der Anforderungen wiederum beinhaltet sowohl die Sicherstellung marktgerechter Lieferzeiten und eine hohe Termintreue als auch ein kurzes

Antwortzeitverhalten und kompetentes Auftreten, da wohl kein anderer Prozess so nahe am Kunden agiert.

Aus diesen Anforderungen leiten sich die zentralen Ansatzpunkte für effizientes Auftragsmanagement ab. Eine Lagerfertigung ist aus Sicht des Auftragsmanagements sicher der einfachste Weg, um administrativen Aufwand zu vermeiden. Mit einer einfachen Verfügbarkeitsabfrage können Bestellung und Rechnung ausgelöst werden, ohne weitere Unternehmensbereiche (mit Ausnahme des Rechnungswesens und des Versandlagers) zu involvieren. Für einen reinen Katalogartikler ist ein effizientes Auftragsmanagement von zentraler Bedeutung. Denn hier ist der Kundenauftrag neben der Anzahl unterschiedlicher Artikel der wesentliche Aufwandstreiber. Und während im ‚normalen‘ mittelständischen Unternehmen die Anzahl der Aufträge pro Woche eher bei 10-100 liegt, können das bei einem reinen Katalogartikler auch schon mal 5000 sein, so dass der Aufwand je Treiber in den Mittelpunkt rückt und die Verwendung von Textbausteinen oder ein automatisierter Auftragsdurchlauf zur Selbstverständlichkeit werden (sollten).

Eine kundenindividuelle Auftragsfertigung weicht davon signifikant ab. Hier kommt es auf das Zusammenspiel verschiedener Unternehmensbereiche an, und jeder Teilprozess muss ‚seine Hausaufgaben‘ machen. Eine Planung als Grundlage für die Zielerreichung (Kapazitäten, Liefertermine) und ein definiertes Maß an Flexibilität (in Administration und Produktion) sind erforderlich, um den Kundenanforderungen gerecht zu werden. Ausformulierte Anforderungsspezifikationen sind ein Muss, Lieferserviceklassen eine Kann-Option für einen effizienten Auftragsdurchlauf.

Beispiel für effizientes Auftragsmanagement in der kundenindividuellen Fertigung ist das ursprüngliche Geschäftsmodell von Dell. Es beruhte darauf, dem Endkunden individuell konfigurierte Hardware zu verkaufen und das Geld des Kunden früher zu bekommen als die Lieferanten der Einzelkomponenten zu bezahlen. Erreicht wurde dies mit der Anforderung nach extrem kurzen Wiederbeschaffungszeiten bei den Lieferanten, kurzen eigenen Durchlaufzeiten in der eigenen Montage und entsprechenden Vereinbarungen über Zahlungsziele mit Lieferanten und Endkunden. Durch eine aggressive Preispolitik sowie der Möglichkeit für den Kunden, in kurzer Zeit seine individuelle Rechnerkonfiguration zu bekommen, konnte Dell so erhebliche Markanteile gewinnen und steuerte sein Unternehmen im Wesentlichen nach der Umlaufkapitalproduktivität (Nettoerlöse / (Forderungen + Vorratsvermögen – Verbindlichkeiten). Dell verstand sich dabei nie als Innovations-, sondern als Kostenführer. Erst mit dem Siegeszug von Apple und der Rückgewinnung von Marktanteilen durch HP ergänzte Dell 2007 sein Geschäftsmodell um den Vertrieb von Standard-Hardware über Einzelhandelsketten, hält aber parallel dazu heute immer noch am ‚build-to-order-Konzept‘ fest. (Magretta 2002)

Der geringe Aufwand in der Lagerfertigung ist sicher alleine kein Grund für ein Unternehmen, Bestände aufzubauen. Ein intelligenter Blick auf das Produktportfolio zeigt aber häufig, dass durchaus Potenziale für eine Differenzierung des Produktionskonzepts vorhanden sind und bestimmte Standard- oder Vorzugsartikel das Potenzial für eine verbrauchsgesteuerte Disposition haben. Eine solche Chance sollte man sich nicht entgehen lassen. Unabhängig davon zwingt auch die Globalisierung Unternehmen zur Bevorratung, da die unterschiedlichen Märkte (aufgrund der resultierenden Lieferzeiten) nicht anders beliefert werden können.

Lean Procurement: Die Optimierung in Einkauf und Beschaffung

Im Einkauf stehen in der Regel die Potenziale durch eine Reduzierung der Materialkosten im Vordergrund – und das je nach Branche und Materialkostenquoten von 50-70% auch zu Recht. Einer möglichen Verringerung des Prozessaufwands messen viele Unternehmen deshalb so wenig Bedeutung zu, weil der reale Aufwand für die Beschaffung über den Gesamtprozess nicht bekannt ist. Dass es dort jedoch erhebliche Potenziale gibt, ist offensichtlich. Nicht zuletzt das C-Teile-Management ist im Einkauf ein Klassiker unter den Maßnahmen, um internen Aufwand zu reduzieren. Es geht darum, den Aufwand für die Handhabung von Schüttgütern an deren Kostenniveau anzupassen. Der Grundgedanke ist, einfach von der Verfügbarkeit von Schrauben, Dichtungen etc. auszugehen, so dass diese nicht disponiert, beschafft, geprüft und gegebenenfalls sogar eingelagert werden müssen. Zahlreiche Dienstleister haben sich heute darauf spezialisiert, ihren Kunden durch entsprechende Regelkreise mit C-Teilen zu versorgen. Das Spektrum der dafür in Frage kommenden Teile wird sukzessive ausgeweitet.

Bild 5-8: Single sourcing bietet aus administrativer Sicht erhebliche Vorteile – hier am Beispiel die Versorgung der Werkstatt mit Standardwerkzeugen (Bildnachweis: CIM Aachen GmbH)

Ein gutes Beispiel ist die Versorgung einer mechanischen Fertigung mit standardisierten Zerspanwerkzeugen. Eine Reihe von Anbietern hat sich darauf spezialisiert, ihren Kunden Werkzeugausgabesysteme anzubieten, die die vom Kunden benötigten Standardwerkzeuge (Wendeschneidplatten, Bohrer etc.) enthalten. Die Werkzeugschränke werden den Kunden in deren Fertigung bereitgestellt und vom jeweiligen Betreiber verwaltet. Inzwischen ist es auch üblich, dass ein Betreiber (in den meisten Fällen sind dies heute Werkzeughändler oder Werkzeughersteller) Werkzeuge unterschiedlicher Hersteller im Sortiment hat, so dass der Kunde nicht mehr alleine auf die Angebotspalette eines Herstellers angewiesen ist (Röhr 1995). Der Betreiber eines solchen Werkzeugschranks übernimmt für den Kunden die gesamte Verwaltung des Werkzeugbestands und sorgt dafür, dass die benötigten Werkzeuge immer in ausreichender Zahl zur Verfügung stehen. Hierzu gehören das Beschaffen von Werkzeugen (was gegebenenfalls sogar durch Skaleneffekte des Betreibers beim Einkauf positive Auswirkungen auf den Einkaufspreis hat), das Auffüllen der Bestände, die Abrechnung gegenüber Werkzeuglieferanten sowie dem Kunden.

Für den Kunden ergeben sich daraus, neben der Sicherstellung der Verfügbarkeit, zwei zentrale Vorteile. Einerseits wird er von den Kapitalkosten der eingelagerten Werkzeuge befreit, da Werkzeugschränke in der Regel in Konsignation betrieben werden. Andererseits entfällt durch das Outsourcing des Prozesses erheblicher administrativer Aufwand, da nur noch ein Lieferant gegenüber dem Kunden abrechnet. Aufwände für Disposition, Beschaffung und Abrechnung gegenüber weiteren Werkzeuglieferanten entfallen vollständig. Diese Aufwände werden zwar dem Kunden über die Handhabungskosten teilweise wieder in Rechnung gestellt, sind für diesen aber variabel, da sie auf verbrauchte Stückzahlen umgelegt werden.

Wie hoch die Einsparungen an administrativem Aufwand in diesem Fall konkret sind, hängt vom jeweiligen Mengengerüst ab, beispielsweise der Anzahl Werkzeugmaschinen, dem jährlichen Einkaufsvolumen für Werkzeuge sowie der involvierten Mitarbeiterkapazitäten. Dies lässt sich in der Regel nur über eine Tätigkeitsstrukturanalyse quantifizieren, da über den Prozess eine Reihe von Unternehmensbereichen beteiligt sind. Weitere Ansätze zur Aufwandsreduzierung im Einkauf sind:

- das Treffen von Rahmenvereinbarungen mit den Lieferanten und Direktabrufe durch die bedarfsanfordernde Stelle,
- der Einsatz von Internet-Agenten zur automatisierten Überwachung der Preise und Einkaufsbedingungen im Internet,
- der Aufbau interner Webshops zur individuellen Beschaffung durch die bedarfsanfordernde Stelle, nach Freigabe der Artikel durch den strategischen Einkauf (beispielsweise Warenkorbmanagement für Büroartikel),

- die Implementierung von Workflows für die Bestellabwicklung oder
- eine (weitestgehend) automatisierte Rechnungsprüfung.

Welche Möglichkeiten sich konkret bieten, hängt häufig weniger von der Branche als vielmehr von der Art der Beschaffung ab. Denn für den Einkauf von Investitionsgütern gelten andere Aspekte als bei der Beschaffung von C-Teilen oder Dienstleistungen.

Lean Innovation: Effizient in die richtige Richtung entwickeln

Unter Lean Innovation versprechen sich viele Unternehmen die meisten Potenziale in ihrem Unternehmen. Dies liegt in erster Linie an der nicht messbaren Kreativität im Produktentstehungsprozess und dem daraus resultierenden Verdacht, dass wahrscheinlich alles viel effizienter ablaufen könnte. Es geht also darum, Bewertungsmaßstäbe zu definieren, die aufzeigen, ob die gesteckten Ziele für Entwicklung und Industrialisierung mit den geplanten Ressourcen zu bestimmten Terminen erreicht werden.

Der Produktentstehungsprozess (PEP) als ‚Stage-Gate®-Model'

In der Praxis erreicht man dies durch die Einführung so genannter Stage-Gates® (Cooper 2011), die einen Entwicklungsprozess in definierte Stufen (Stages) unterteilen. Beispiele solcher Stufen sind: die Bestätigung von Konzept und Kernbaugruppen, die Freigabe zur

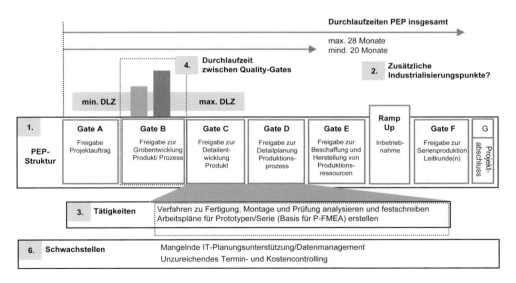

Bild 5-9: Stage-Gates® im Produktentwicklungsprozess definieren die Anforderungen an die nachgelagerten Prozessschritte

Grobentwicklung von Produkt und Prozess, die Freigabe zur Detailentwicklung, die Freigabe zur Beschaffung von Produktionsressourcen und die Freigabe zur Serienproduktion. Dieser Prozess lässt sich je nach Art und Umfang der Entwicklung beliebig unterteilen oder auch auf einen kompletten Markteinführungsprozess ausweiten.

Die einzelnen Stages enthalten jeweils ein definiertes Aufgabenpaket, welches innerhalb dieses Prozessschrittes abzuarbeiten ist. Im Sinne des Simultaneous Engineering sollte berücksichtigt werden, dass einzelne Arbeitsschritte soweit wie möglich parallel erfolgen, um die Durchlaufzeit möglichst gering zu halten. Den Abschluss einer Stage bildet ein Gate, das die Funktion einer qualitativen Bewertung des Entwicklungsfortschrittes erfüllt. Die Gates sind Entscheidungspunkte im Prozess, an denen beurteilt wird, ob die Arbeitsschritte der vorausgegangenen Stage in entsprechender Qualität durchgeführt wurden und ob sich an den Rahmenbedingungen für die Produktentwicklung etwas geändert hat.

Ziel ist es, mit definierten Entscheidungen auf einer fundierten Basis sicherzustellen, dass Fehlentwicklungen und Nacharbeiten aufgrund falscher Grundlagen oder nicht vorliegender Informationen vermieden werden. Ein Stage-Gate®-Prozess macht überall dort Sinn, wo langwierige und aufwändige, sprich: kostenintensive Entwicklungen, notwendig sind, die zu einem definierten Termin serienreif sein müssen. Beispiele sind die Automobil- und Zulieferindustrie oder die Halbleiterbranche, bei der ein relativ schmales Markteintrittsfenster getroffen werden muss.

Aufgrund der zentralen Bedeutung in der Produktentstehung wurde viel an der Modellierung und Perfektionierung entsprechender Prozessmodelle gearbeitet. Dabei stand neben Beschleunigung und Stabilisierung vor allem die Qualitätssicherung im Vordergrund. Folgerichtig wurde aus dem Qualitätsmanagement der Ansatz der ‚Quality Gates' übernommen, der eine bessere Risikokontrolle ermöglicht, bei der die Probleme dort erkannt werden, wo sie auftreten. In der Praxis wird der Mehraufwand an Administration, beispielsweise durch die Definition der Gates, die Überwachung ihrer Einhaltung etc., dadurch mehr als kompensiert, weil der Prozess stabiler und damit planbarer wird. Verschwendung wird dadurch vermieden, dass erst gar nicht an weiteren Prozessschritten gearbeitet werden kann, wenn die dafür benötigten Informationen nicht fehlerfrei zur Verfügung stehen.

Der aggregierte Projektplan: Grundlage für Erfolg im Projektgeschäft

Eine effiziente Projektplanung ist ebenfalls ein zentrales Element zur Vermeidung von Verschwendung, gerade in der Produktentstehung. Hier gilt es, Ressourcen realistisch zu planen und wirksam einzusetzen. In der Praxis erfolgt dies mit einem aggregierten Projektplan, der die Projekte sowie deren geplanten Aufwand konsolidiert und als Summe aller Einzelprojekte über einen bestimmten Zeitraum darstellt (Bild 5-10).

In den aggregierten Projektplan werden zunächst die Zeitaufwände je Bereich in Mannmonaten über alle Phasen eines Projektes aufgetragen und die involvierten Mitarbeiter zugeordnet. Dies erfolgt für alle Projekte, die innerhalb eines definierten Zeitraums zu bearbeiten sind. Hieraus lässt sich eindeutig ableiten, zu welchem Zeitpunkt wie viel Kapazität aus welchem Fachbereich benötigt wird. Die rein kapazitive Betrachtungsweise muss unter Umständen noch um den Aspekt der verfügbaren Qualifikationen ergänzt werden, da in der Regel nicht alle Mitarbeiter eines Fachbereiches für alle Tätigkeiten eingesetzt werden können. In der Praxis kann man feststellen, dass auf diese Weise unter Umständen erst offensichtlich wird, dass es Projekte mit gleichen beziehungsweise ähnlichen Inhalten gibt oder dass Aufgaben völlig falsch zugeordnet wurden.

Der aggregierte Projektplan dient der Synchronisation und Priorisierung von Projekten. Einerseits können Projekte beziehungsweise einzelne Projektphasen zeitlich so angepasst werden, dass die jeweils notwendigen Mitarbeiter (beziehungsweise Qualifikationen) auch tatsächlich verfügbar sind. Sollte dies nicht möglich sein, müssen einzelne Projekte gegebenenfalls vollständig verschoben werden. Das ‚systematische Fallenlassen' ist übrigens eine Kunst, mit der sich viele Unternehmen schwer tun. Es geht darum, auf Basis verlässlicher Informationen (dem aggregierten Projektplan) fundierte Entscheidungen zu treffen. Und wenn die Kapazitäten tatsächlich nicht vorhanden sind und auch nicht zusätzlich beschafft werden können, ist es eben häufig genau das eine Projekt zu viel – was entsprechend negative Auswirkungen auf alle anderen Projekte hat. Es wird deutlich, dass der aggregierte Projektplan auch in anderen administrativen Bereichen seine Berechtigung findet: In der Planung von Marketingaktivitäten genauso wie in der Steuerung von IT-Projekten oder wie bei einer gezielten Lieferantenentwicklung.

Weitere Ansatzpunkte zur Aufwandsreduzierung in der Produktentstehung sind:

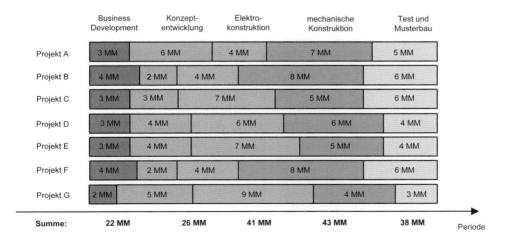

	Business Development	Konzept-entwicklung	Elektro-konstruktion	mechanische Konstruktion	Test und Musterbau
Projekt A	3 MM	6 MM	4 MM	7 MM	5 MM
Projekt B	4 MM	2 MM	4 MM	8 MM	6 MM
Projekt C	3 MM	3 MM	7 MM	5 MM	6 MM
Projekt D	3 MM	4 MM	6 MM	6 MM	4 MM
Projekt E	3 MM	4 MM	7 MM	5 MM	4 MM
Projekt F	4 MM	2 MM	4 MM	8 MM	6 MM
Projekt G	2 MM	5 MM	9 MM	4 MM	3 MM
Summe:	22 MM	26 MM	41 MM	43 MM	38 MM	Periode

Bild 5-10: Beispiel eines aggregierten Projektplans

- systematisches Trennen kreativer und repetitiver Aufgaben und Zuordnen der Aufgaben zu den vorhandenen Qualifikationen,
- effizientes Dokumentenmanagement, beispielsweise über Mutterkonzepte sowie
- Einsatz verschwendungsfreier IT-Prozesse in der Produktentstehung (beispielsweise einfache Finde-Algorithmen auf Basis einer Klassifizierung oder Sachmerkmalleisten).

Interessant ist an dieser Stelle, dass in der vorhandenen Literatur zum Thema Lean Innovation der gesamte Aspekt der Softwareentwicklung noch keinerlei Berücksichtigung findet. Dies ist umso bemerkenswerter, als die zunehmende Mechatronisierung nahezu vor keiner Branche im produzierenden Gewerbe Halt macht. Automatisierungstechnik, Konsumgüter, Automobil- und Zulieferindustrie sind die ersten Branchen, die einem in den Sinn kommen, wenn man an das Zusammenspiel von Mechanik, Elektrotechnik und Software denkt.

Unter dem Begriff ‚Agile Programmierung' (Beck, Kent 1999) wurden bereits Ende der 1990er Jahre die ersten Ansätze für schlanke Abläufe in der Softwareentwicklung definiert. Hierbei wird der Tatsache Rechnung getragen, dass der Lösungsraum in der Softwareentwicklung (also die Möglichkeiten, zu einem definierten Ergebnis zu gelangen) deutlich größer ist als in der Entwicklung mechanischer Komponenten. Demzufolge liegt der Fokus eher auf der Beschreibung dessen, was durch die Software geleistet werden soll (Lastenheft) als auf einer detaillierten Vorgabe, wie das zu erreichen ist (Pflichtenheft). Vereinfacht ausgedrückt heißt das auch, lieber schnell einen Prototyp zu entwickeln und zu optimieren anstatt lange darüber zu diskutieren, wie das Ergebnis im Detail erreicht werden soll.

Gerade das Zusammenspiel von mechanischer, Elektro- und Softwareentwicklung gestaltet sich zur Herausforderung, wenn es darum geht, eindeutig nachzuhalten, welche Endprodukte in welchem Revisionsstand ausgeliefert wurden. Dies im Nachhinein zu ermitteln, verursacht in der Regel einen immensen Aufwand und verärgert zudem den Kunden. Deswegen gilt es, sich frühzeitig Gedanken darüber zu machen, wie die Stückliste aufgebaut ist (beispielsweise: Ist die Software inkludiert?) und wie das Konzept der Versionierung im Detail aussieht.

Lean Support: Lean Management-Ansätze in administrativen Stützprozessen

In den Support-Prozessen gibt es wie in den Kernprozessen entsprechende Maßnahmen, um Verschwendung zu vermeiden. Wichtig ist in dem Zusammenhang, dass gilt: Wertschöpfung ist Wertschätzung durch Kunden – hier eben ein interner Bereich.

Nehmen Sie das Beispiel IT. Natürlich gibt es Begriffe wie Lean IT (Bell, Orzen 2010) oder Lean-IT-Management (Müller, Schröder 2011). Doch wie sieht die Praxis aus? Die Fachabteilung stellt eine Anforderung an die IT und bekommt zur Antwort, dass die Bearbeitung der Anfrage drei Monate dauert oder dass die Umsetzung der Anforderung gar nicht notwendig sei. Erzählen Sie das einmal Ihrem (externen) Kunden. Will man das Thema IT aus Sicht der Lean Administration näher beleuchten, muss man in erster Linie das Tages- und Projektgeschäft differenzieren. So gesehen gelten im Rahmen der Lean IT viele Ansatzpunkte, die auch auf den Produktentstehungsprozess zutreffen: Aufbau eines aggregierten Projektplans für anstehende Projekte, systematisches Fallenlassen von Projekten und Aufgaben nach Priorisierung (bzw. Vergabe an Extern) oder Aufgabendifferenzierung nach kreativen und repetitiven Tätigkeiten.

Die Notwendigkeit, qualifiziertes Personal einzusetzen, um Verschwendung zu vermeiden, kommt genauso zum Tragen wie die systematische Erfassung der anfordernden Fachabteilungen, beispielsweise beim Customizing bestehender Systeme.

Dennoch sind lange Lieferzeiten in der IT in vielen Unternehmen heute Usus. Dies liegt häufig nicht ursächlich an zu viel Verschwendung, sondern an einer realen Unterbesetzung dieses Bereiches, der aus Gemeinkostensicht auch gerne im Fokus des Controllings steht. Dabei lässt sich gerade in der IT der Ressourcenbedarf relativ gut planen. Für das Tagesgeschäft lassen sich über die Tätigkeitsstrukturanalyse die Aufwandstreiber (beispielsweise Anzahl PC, Anzahl SAP-Lizenzen etc.) und der Aufwand je Treiber ermitteln, die Projekte werden gemäß Projektplan mit Ressourcen ausgestattet. Letztendlich geht es auch in der IT darum zu differenzieren, was Wertschöpfung ist. Und da ist es aus Unternehmenssicht hilfreicher, wenn die IT der Enabler für effiziente Prozesse ist und Ansatzpunkte zur IT-gestützten Prozessoptimierung aufzeigt, als dass sie die vorhandenen oder knappen Kapazitäten zur Durchführung ebenfalls notwendiger Wartungen einsetzt. An welcher Stelle oder für welchen

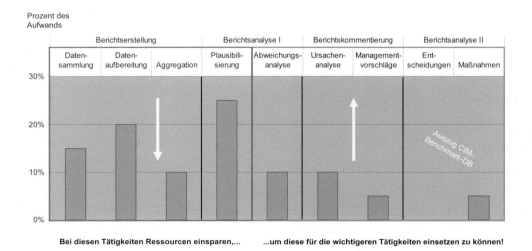

Bild 5-11: Problem des ‚falsch investierten' Controlling-Aufwands

Teilprozess externe Unterstützung eingeholt werden sollte, liegt auf der Hand und wird auch von größeren Unternehmen auch heute schon so gehandhabt. Nichtsdestotrotz sollten sich Unternehmen bei wertschöpfenden, zeitkritischen Projekten im Software-Umfeld überlegen, ob situationsbedingte Kapazitätsspitzen nicht sinnvoller Weise durch Externe aufgefangen werden. Insbesondere wenn durch solche Projekte die Wertschöpfung der Fachbereiche gesteigert werden kann (beispielsweise durch die Einrichtung von Workflows), lässt sich die Frage nach einer Aufwand-/Nutzen-Betrachtung relativ schnell beantworten.

Ein anderes Beispiel aus dem Umfeld der administrativen Support-Prozesse ist das Controlling. Die Controlling-Funktion wird in den meisten Unternehmen als sinnvoll und notwendig erachtet, weil die Zahlen, die dort entstehen, dringend zur Unternehmensführung benötigt werden. Nicht gesehen wird jedoch der Aufwand, der erbracht wird, um Kennzahlen wie ROS (return on sales), ROCE (return on capital employed) oder auch nur Auftragseingang nach Regionen und Geschäftsbereichen zu ermitteln, zu plausibilisieren und zu konsolidieren. Diese Daten werden in bunten Excel-Diagrammen management-like aufbereitet und einem interessierten Verteilerkreis übermittelt. Mehr braucht man zum Thema Wertschöpfung und Verschwendung im Controlling nicht zu sagen.

Die hohe Kunst des Controlling besteht nicht darin, die Daten zu erheben, sondern gemeinsam mit den Fachabteilungen an deren Optimierung zu arbeiten. Wie Bild 5-11 zeigt, wird heute immer noch ein großer Anteil des Controlling-Aufwands für die Berichterstellung eingesetzt, während die Analyse und das Einleiten von Maßnahmen fast immer zu kurz kommen. Für das Controlling gelten im Zusammenhang mit Lean Administration eigentlich nur folgende Fragestellungen:

- Wer sind meine Kunden, und welche Informationen benötigen sie (Anzahl der Aufwandstreiber)?
- Wie komme ich an die Daten heran und bereite diese effizient auf (Treiber je Aufwand)?

Während der erste Aspekt eines rein organisatorischen Ansatzes bedarf, leiten sich die Antworten auf die zweite Frage aus den zuvor diskutierten Aspekten der IT-Unterstützung ab. Ein intelligentes und effizientes Unternehmensreporting baut nicht darauf, möglichst vielen Bereichen möglichst umfassende Daten und Kennzahlen bereitzustellen, sondern bedarfsorientiert und aktuell die relevanten Bereiche mit den notwendigen Informationen zu versorgen. Auch hier geht es also darum, die Anforderungen aus den jeweiligen Fachbereichen zu erfassen, um ein gezieltes und effizientes Reporting überhaupt erst zu ermöglichen.

Sind diese Anforderungen erst einmal definiert, sind diese effizient aus den vorhandenen Datenquellen zu erschließen. Und auch wenn man denkt, dass mächtige ERP-Systeme ohne weiteres in der Lage sein sollten, die benötigten Zahlen zur Verfügung zu stellen, sieht die Praxis häufig anders aus. Zumindest für ein klassisches Finanzcontrolling sind in der Regel tatsächlich alle Kennzahlen im ERP-System vorhanden. Aufträge werden erfasst, Belege

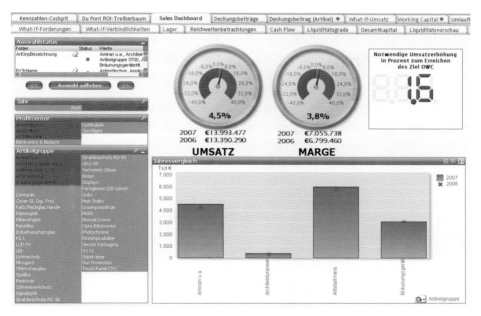

Bild 5-12: Beispiel eines Business Intelligence-gestützten Controlling-Dashboards

gebucht und Rechnungen erstellt. Im Standard bietet aber kein ERP-System ein zufriedenstellendes Controlling-Tool, nicht zuletzt, weil die Anforderungen eben auch sehr individuell sind. So werden aus unterschiedlichen Tabellen die notwendigen Daten zusammengestellt und in Excel-Reports ,zusammengebastelt'. Das ist die Berechtigung von Business Intelligence-Systemen, die große Datenmengen konsolidieren, nach unterschiedlichen Sichtweisen analysieren und anforderungsgerecht visualisieren.

Da es sich um einen automatisierten Prozess handelt, der die gewünschten Daten ,auf Knopfdruck' zur Verfügung stellt, lässt sich der administrative Aufwand erheblich reduzieren, zumal diese Tools auch in der Lage sind, solche Standardreports automatisiert einem definierten Verteilerkreis zur Verfügung zu stellen. So kann beispielsweise ein Supply Chain-Report jeweils montags allen am Prozess Beteiligten sowie der Geschäftsführung die Performance des Prozesses, die Entwicklung der Rohmaterialpreise oder die Termintreue der Lieferanten aufzeigen. Gleiches gilt auch für die Entwicklung der wesentlichen Unternehmenskennzahlen oder für das Monitoring der aktuellen Verkaufszahlen.

Ein weiterer Vorteil dieser IT-Lösungen ist neben dem reduzierten Aufwand für die Datenbereitstellung und -aktualisierung aber noch ein anderer. Mit den erforderlichen Anforderungen an eine solche Software, die in der Regel in Form eines Lastenheftes dokumentiert werden, wird das Unternehmen gezwungen, sich überhaupt erst einmal mit seinen Kennzahlen zu beschäftigen. Und das ist dann der Beginn der Wertschöpfung im Controlling.

Abschließend möchte ich an dieser Stelle noch ein Beispiel der produktionsnahen Stütz-prozesse aufgreifen. Als unmittelbare Nahtstelle zu den direkt wertschöpfenden Prozessen der Produktion ist die Instandhaltung nicht nur deren Lieferant, sondern häufig auch ein Hort der Intransparenz und der vermuteten Verschwendung. In der Tat kann man sich in der Instandhaltung – wie in vielen anderen Bereichen der Administration auch – sehr intensiv mit nicht-wertschöpfenden Tätigkeiten beschäftigen: Dies reicht von der ausführlichen Wartung von Anlagen, die nicht benötigt werden, über das Erfassen der Verfügbarkeiten von Nicht-Engpass-Maschinen bis hin zum Verwalten überdimensionierter Ersatzteilbestände.

Lean Maintenance ist deshalb ein Begriff, der in der Managementliteratur nicht fehlen darf, auch wenn die Kernthemen dieselben sind wie in den vorangegangenen Kapiteln: Wer ist mein Kunde? Was sind seine Anforderungen? Die Kundenperspektive ist an dieser Stelle eindeutig, die Anforderungen sind es im Prinzip auch: Die Maschinen müssen laufen (kön-nen, es geht um Einsatzbereitschaft)! Um das sicherzustellen, sollte der Aufwand aber aus der Kostenperspektive in einem überschaubaren Rahmen bleiben. Um diesem Dilemma gerecht zu werden, werden die Produktionsanlagen in der Praxis in Kategorien eingeteilt, die sie entsprechend ihrer Wichtigkeit für eine laufende Produktion klassifizieren. Grundlage für eine solche Einteilung ist aus Lean-Gesichtspunkten das Risiko, durch ihren Ausfall nicht mehr die angestrebte Wiederbeschaffungszeit sicherstellen zu können. Entsprechend dieser Klassen leiten sich unterschiedliche Konzepte für die Instandhaltung ab. Wichtige Produkti-onsanlagen werden regelmäßig gewartet. Ihre Effektivität wird mit Hilfe des OEE bewertet. Aus dem OEE leiten sich organisatorische und technologische Maßnahmen zur Erhöhung der Effizienz ab, die gezielt umgesetzt werden. Hierzu gehört auch der gezielte Einsatz von SMED-Workshops, die darauf abzielen, die Rüstaufwände zu reduzieren und dadurch auch die Wirtschaftlichkeit kleinerer Losgrößen sicherzustellen. Weniger wichtige Produktionsan-lagen werden mit reduziertem Aufwand gegebenenfalls vorrangig durch die Maschinenbe-diener gewartet.

An dieser Stelle sollen jedoch nicht ganzheitliche TPM-Systeme diskutiert oder bewertet werden, die ebenso die Perspektive eines Outsourcings beinhalten können, wie andere Pro-zesse auch. Es geht vielmehr um Ansatzpunkte zur Reduzierung administrativen Aufwands. Für die Instandhaltung ist jede einzelne Maschine ein Aufwandstreiber, für die eine Planung durchgeführt und die in mehr oder weniger regelmäßigen Abständen gewartet oder repariert werden muss. Lässt sich die Anzahl der Aufwandstreiber über eine solche Klassifizierung reduzieren, ist dies der erste Schritt zu Lean Maintenance. Hierzu gehören folgende Aspekte: Geplant wird die Instandhaltung (in unterschiedlichen Leveln) nur für Engpass- oder kapi-talintensive Produktionsanlagen, eine Datenerfassung, beispielsweise im Sinne eines OEE, erfolgt ebenfalls nur für Engpassressourcen.

Da in der Regel jede Produktionsanlage irgendwann einmal auf irgendeine Art und Weise gewartet oder repariert werden muss, geht es in der Instandhaltung vorrangig darum, den Aufwand je Treiber soweit wie möglich zu reduzieren. Und da bieten sich aus administrativer

Sicht in der Praxis doch erhebliche Ansatzpunkte in Bezug auf eine maschinelle Erfassung der benötigten Daten (beispielsweise durch Zugriff auf die Maschinensteuerung), eine Reduzierung der Dokumentation auf das Wesentliche (beispielsweise bei Reparaturen) oder die Reduzierung der Durchlaufzeit von Instandhaltungen und Reparaturen durch Bereitstellung des notwendigen Materials bzw. der erforderlichen Dokumentation (gemessen in mean-time-to-repair).

Grundsätzlich sollte in der Instandhaltung, wie in anderen produktionsnahen Stützprozessen auch, der Aufwand immer in Relation zum Nutzen gesehen werden. Je nach vorhandenen Kostenstrukturen im Unternehmen ist ein entsprechender Aufwand immer gerechtfertigt. Der Durchschnitt im Maschinen- und Anlagenbau betrug 2006 4,4% vom Gesamtinvestitionsvolumen (VDMA Kennzahlenkompass 2009). Nur: die dafür erbrachte Leistung muss dann auch stimmen. Und da stellt sich eben die Frage, wie viel Administration dafür erforderlich ist.

Kapitel 6
Nicht zwingen. Überzeugen.
Die Mitarbeiter abholen

Ohne die Mitarbeiter geht es nicht. Es geht nicht darum, sie zu überreden, sie müssen überzeugt sein und Lean Administration verinnerlichen. Das gelingt durch Führung, Motivation und entsprechende Organisation der Lean-Aktivitäten.

6.1 Change Management

Semper reformandum. Von dem unaufhörlichen Zwang, sich zu erneuern und zu verändern, wissen viele Unternehmen ein Lied zu singen. Sich ändernde Märkte, globale Trends wie die Klimaerwärmung oder eine Änderung der Unternehmensstrategie machen es erforderlich, die bisherigen Prozesse und Organisationsformen zu überdenken. Aber Wandel lebt nicht vom Hype und nicht von der Übertreibung. Durch den Internet-Hype Anfang dieses Jahrtausends haben sich beispielsweise eine ganze Reihe von Unternehmen zu Kurzschlussreaktionen hinreißen lassen, indem sie völlig unvorbereitet Web-Shops installiert und betrieben haben, ohne die dafür erforderlichen logistischen Prozesse aufzubauen. So genannte ‚Start-Ups' der New Economy haben ganze Geschäftsmodelle auf ein ‚Virtual Business' ausgerichtet und waren innerhalb kürzester Zeit zig-Millionen Euro wert. Das Ergebnis der Internet-Blase ist bekannt.

Bei anderen Hypes, die aktuell in aller Munde sind, wie Social Media oder Cloud Computing, sind die daraus resultierenden Chancen und Risiken noch nicht hinlänglich bekannt und/oder kommuniziert. Social Media ist heute schon dringend erforderlich, wenn ein Unternehmen eine genau definierte Zielgruppe adressieren will, sei es eine bestimmte Altersklasse oder potenzielle Bewerber. Wer sich aber darauf einlässt, unbedacht einen Blog einzurichten, läuft Gefahr, im Internet ‚zerrissen' zu werden. Ein negatives Statement unzufriedener Kunden kann zwar kommentiert, aber selten wieder gelöscht werden.

Es geht also um Evolution statt Revolution – ohne Gefahr zu laufen, vorhandene Chancen durch nicht ernst gemeinte Anstrengungen liegen zu lassen. Wandel lebt von einem ernsthaften Anspruch. Die größte Herausforderung für das Management besteht darin, diesen Wandel zu bewältigen. Veränderungen gibt es auf unendlich vielen Gebieten, in immer kürzerer Zeit, mit immer größeren und unvorhersehbaren Folgen für das eigene Geschäft. Und ein Ende scheint nicht in Sicht zu sein.

Im Lauf der Jahrzehnte hat sich die Situation für die Unternehmen tiefgreifend verändert. Die Globalisierung, der heutige Verdrängungswettbewerb, der schnelle soziale und technologische Wandel und nicht zuletzt die Pluralisierung der Lebensformen haben signifikante Auswirkungen auf Prozesse und Mitarbeiter: Die Folge sind einerseits wachsende Varianz, Dynamik, Wandel und Unsicherheit sowie andererseits erhöhte Ansprüche der Mitarbeiter an die eigene Arbeit und an das Unternehmen.

Die Unternehmensberater Michael Hammer und James Champy, Begründer des Business Reengineering, brachten die Lage auf den berühmten Punkt: „Das Problem vieler Unternehmen besteht darin, dass sie an der Schwelle zum einundzwanzigsten Jahrhundert die Bürde eines organisatorischen Aufbaus zu tragen haben, die im neunzehnten Jahrhundert entstand und im zwanzigsten gute Dienste geleistet hat. Wir brauchen etwas Grundverschiedenes." (Hammer, Champy 1998)

Wenn sich die Philosophie ändert

Bei Lean Administration gibt es nicht die richtige Lösung. Es gibt nur die zu einem Unternehmen passende Lösung. ‚Passend' heißt in diesem Zusammenhang in erster Linie ‚kulturkonform'. Auch wenn das manchen Dogmatiker stören mag: Lean Administration sieht bei einem jungen IT-Unternehmen anders aus als beispielsweise bei einem ehemals staatlichen Verkehrsbetrieb oder einem 120 Jahre alten – und damit häufig konservativen – Unternehmen des Maschinenbaus.

Eine grundlegende Änderung der Einstellung kommt nur bei wenigen Mitarbeitern von alleine, auch wenn der ein oder andere sicher Ansätze sieht, wie Verschwendung vermieden werden kann und dies vielleicht auch schon einmal über das Betriebliche Vorschlagswesen oder im Rahmen eines kontinuierlichen Verbesserungsprozesses vorgebracht hat. Es geht darum, die Lean Philosophie im Unternehmen zu fördern und die Mitarbeiter zu fordern, sich aktiv zu beteiligen.

Wie gesagt: Lean ist eine Führungsaufgabe

Eine veränderte Grundeinstellung der Mitarbeiter zu ihrer Arbeit setzt eines zwingend voraus: Das Management muss die neue Philosophie vorleben, sich mit ihr identifizieren und glaubhaft vermitteln, dass sie ihm wichtig ist. Das Verhalten des Managements ist deshalb ein wesentlicher Erfolgsfaktor, auch oder gerade bei der Implementierung schlanker Abläufe in der Administration.

Nicht nach Gutsherrenart: Führungsverhalten

Zum Thema Führung gehen die Meinungen in den Unternehmen weit auseinander. Aus diesem Grund beginne ich mit einigen Leitsätzen:

- Führung beginnt immer bei der Führungskraft selbst. Es gibt keine ‚Stellschrauben', mit denen man an anderen Menschen herumschrauben kann. Die Kraft, Dinge zu verändern, liegt zunächst immer bei der Führungskraft selbst.
- Führung lebt von ‚Gefolgschaft': Erst wenn Mitarbeiter einer Führungskraft folgen (auch wenn es durch ‚dick' geht), bringen sie sich voll ein.
- Manipulation ist absolut tabu. Wer versucht, seine Mitarbeiter zu manipulieren, unter Druck zu setzen, der wird schmerzlich erleben, dass sie sich nicht voll engagieren werden – sehr zum Schaden des eigenen Unternehmens.

Peter F. Drucker gilt wohl zu Recht als der bedeutendste Managementdenker unserer Zeit. Drucker vertritt die These, dass Führungskräfte ihrer Aufgabe auf Dauer nur dann gerecht werden können, wenn sie sich an bestimmten Werten orientieren (manche sagen, sie seien

‚konservativ'. Macht nichts.) Zu diesen Werten gehören die Fähigkeit, den Wandel gezielt zu forcieren, Pflicht, Integrität und permanente Selbstentwicklung. Die zentrale Frage lautet: „Was macht eine effektive Führungskraft aus?" In seinem Buch ‚Kardinaltugenden effektiver Führung' (Drucker, Paschek 2004) macht Drucker den Anfang und schreibt über Tugenden, denen erfolgreiche Führungskräfte treu bleiben (sollten):

- Sie fragen sich, was zu tun ist.
- Sie fragen sich, was gut für das Unternehmen ist.
- Sie entwickeln einen Aktionsplan.
- Sie übernehmen Verantwortung und treffen Entscheidungen.
- Sie sorgen für effektive Kommunikationsstrukturen.
- Sie konzentrieren sich auf die Chancen und nicht auf die Probleme.
- Sie gestalten ihre Meetings produktiv.

Es gibt keine Ausbildung zum Manager

Zum Zeitpunkt von Druckers Niederschrift war von Lean Administration noch gar keine Rede. Wer aber genau hinsieht, erkennt, dass sich daraus bereits ein Großteil der wesentlichen Aspekte des Lean-Management ableiten lässt. Hinzu kommen zwei wesentliche Aspekte wirksamen Managements: Einerseits ist Führung ein ‚Beruf ohne Ausbildung', was sich in der Praxis häufig darin widerspiegelt, dass viele ‚unausgebildete' Manager mit Führungsaufgaben betraut sind, ohne die notwendige Qualifikation (oder den erforderlichen Charakter) zu besitzen. Die Ausbildung durch das Unternehmen kommt häufig zu kurz, so dass zwar viel ‚gemanagt' wird, aber eher mit Aufwand als mit Wirkung. Andererseits werden Führungskräfte für Ergebnisse und nicht für Arbeitszeit bezahlt. Die Ergebnisse müssen sich an bewertbaren Maßstäben messen lassen, also Zielen, die ebenfalls nicht in jedem Unternehmen vorhanden sind. Wird nun eine ‚unausgebildete' Führungskraft ohne Zielvorgabe damit betraut, eine neue Unternehmensphilosophie zu vertreten, wird dies wenig erfolgversprechend ausgehen.

Abteilungsleiter als retardierendes Element

In der Praxis ist der Begriff ‚Führungskraft' zu differenzieren, denn das Top-Management ist in den meisten Fällen gar nicht das Problem. In der Regel sind es ja genau die Vorstände und Geschäftsführer, die einen Wandel im Unternehmen herbeiführen wollen und diesen zumindest in den meisten Fällen auch aktiv vorantreiben. Viel problematischer ist das mittlere Management: Es sind die Bereichs- und Abteilungsleiter, die als retardierendes Element zwischen dem Wollen des Top-Managements und dem Müssen bzw. Können der operativ Handelnden fungieren. An dieser Stelle wird gerne bewusst ein Filter eingesetzt – aus Angst,

Wissen preiszugeben oder Kompetenzen zu verlieren. Auch die mögliche Frage, warum ein Prozess nicht schon längst verbessert wurde oder warum Mitarbeiter sich immer noch mit nicht wertschöpfenden Tätigkeiten beschäftigen, sind Gründe für ein zurückhaltendes Engagement dieser ‚Haftschicht' (Kotter, Rathgeber 2009).

Das mittlere Management ist als Multiplikator der Lean-Philosophie gefordert

Zentrale Aufgabe des Top-Managements ist es also, das mittlere Management für Lean Administration zu begeistern und als Multiplikator für neue Ideen zu gewinnen. Gerade das mittlere Management muss Lean leben und vorleben. Wie gut das gelingt, hängt in erster Linie davon ab, ob es sich bei dem Manager auch sonst um eine gute Führungskraft handelt. (Was eine ‚gute' Führungskraft ausmacht, wird an dieser Stelle nicht im Detail behandelt. Der geneigte Leser findet weiterführende Literatur bei Drucker (Drucker 1967) und Malik (Malik 2001)). Tatsache ist, dass er in der Lage sein muss, die Idee des Lean Management auf seine Mitarbeiter zu übertragen und diese für ‚Lean' zu begeistern. Es kann schließlich nicht Aufgabe des Top-Managements sein, jeden einzelnen Mitarbeiter im Unternehmen selbst zu schulen und von der Notwendigkeit der Veränderung in Einzelgesprächen zu überzeugen.

An dieser Stelle drängt sich konsequenter Weise die Frage auf, was zu tun ist, wenn Bereichs- oder Abteilungsleiter diesen Wandel nicht begleiten. Dies trifft erfahrungsgemäß auf zwei von zehn Managern zu. Hier gilt es zunächst zu hinterfragen, was der konkrete Grund für die Blockade ist. Letztendlich lassen sich alle Gründe, auch die o.g., für eine solche Verweigerung, auf die Hygienefaktoren nach Herzberg (siehe Bild 6-1) zurückführen, die die Einstellung der Mitarbeiter zur Arbeit beeinflussen.

Lean Administration in einem positiven Umfeld einzuführen, in dem die Mitarbeiter mit ihrer Arbeit und ihren Arbeitsbedingungen zufrieden sind, ist mit Sicherheit einfacher. Liegen diese Rahmenbedingungen (Herzberg 2008) nicht vor, ist es hilfreich, diese zunächst weitestgehend zu schaffen – auch wenn eine neue Unternehmenskultur nicht von heute auf morgen umzusetzen ist.

Konsequenzen sind manchmal unausweichlich

Wenn es dem Top-Management dennoch nicht gelingt, einzelne Mitglieder seiner nächsten Führungsebene mit auf die Reise zu nehmen, sind Konsequenzen unausweichlich. Denn der Schaden, den solch eine Blockade anrichtet, ist häufig größer als das vermeintliche Expertenwissen einzelner (unverzichtbarer) Manager. Im Zweifelsfall müssen solche Verweigerer zumindest aus der Führungsverantwortung genommen werden, denn in letzter Konsequenz weigern sie sich, an der Zielerreichung des Unternehmens mitzuarbeiten. Dass nicht jeder zur idealen Führungskraft geboren ist, ist ja nun auch keine neue Erkenntnis. Deshalb unterscheiden einige Unternehmen zwischen einer Management- und einer Expertenkarriere, in der mancher Manager, befreit von der Führungsverantwortung, wesentlich zufriedener ist als vorher. Ein gutes Beispiel ist der Entwicklungsleiter, dessen fraglos vorhandenen Kompe-

Entlohnung und Gehalt	Muss adäquat und aus Sicht der Mitarbeiter gerecht sein. Ein Leistungsbezug kann dazugehören.
Beziehung zu Mitarbeitern und Vorgesetzten	Das soziale Umfeld ist neben der Entlohnung für viele Mitarbeiter der zentrale Aspekt zur Zufriedenheit.
Personalpolitik	Information, Integration der Mitarbeiter in Entscheidungen, Investition in Mitarbeiter und deren Qualifikation ...
Führungsstil	Was qualifiziert Ihre Führungskräfte zur Führung? Gibt es ein einheitliches Führungsverständnis?
Arbeits- bedingungen	Die Gestaltung des Arbeitsplatzes muss anforderungsgerecht sein. Integration der Mitarbeiter in die Gestaltung (Bsp.: KVP)
Sicherheit der Arbeitsstelle	Vermitteln Sie dies aktiv (wenn Sie das können)?

Mitarbeitersicht

Bild 6-1: Eine Bewertung der Hygienefaktoren nach Herzberg zeigt, ob die personalseitigen Rahmenbedingungen für einen Wandel vorliegen.

tenzen und Fähigkeiten in Bezug auf Forschung und Entwicklung für das Unternehmen nicht genutzt werden konnten, da er mit Personalbeurteilungen und anderen Führungsaufgaben beschäftigt war, für die er einerseits wenig Motivation mitbrachte und zu denen ihm andererseits das notwendige Fingerspitzengefühl fehlte. Nach seiner ‚Entmachtung' als Führungskraft wurden die Entwicklungstätigkeiten deutlich effizienter, und die Lean-Philosophie konnte durch eine neue Führungskraft im Bereich erfolgreich multipliziert werden.

Change Management bis zum Sachbearbeiter

Motivation und Einstellung zur Arbeit sind auf Ebene der Sachbearbeiter mindestens genauso relevant wie in einer Leitungsfunktion. Sie erlangen nur dadurch noch eine andere Dimension, dass der Lean-Gedanke und die neu strukturierten Prozesse operativ umzusetzen sind. Im Prozess selbst erkennen die Mitarbeiter Verschwendung und Potenziale, die ihr Vorgesetzter nicht zwingend identifiziert. Das Change Management ist deshalb im Zusammenhang mit Lean Administration eine große Herausforderung, denn es geht nicht nur darum, dass sich eine unternehmerische Sichtweise ändert, sondern dass jeder etwas dazu beiträgt.

Der Idealzustand: Mitarbeiter, die nicht auf die Motivation durch Dritte warten

Im Idealfall geht es für jeden einzelnen Mitarbeiter um die Disziplin, nicht auf Motivation durch Dritte oder von außen zu warten, sondern sich selbst zu motivieren. In der Praxis tritt dies übrigens häufiger auf als man denkt: Sachbearbeiter fürchten weniger den Machtverlust und zeigen sich Veränderungen gegenüber häufig offener als Führungskräfte.

Insbesondere unverbrauchte Köpfe warten häufig nur darauf, verkrustete Strukturen aufzubrechen und Bestehendes zu hinterfragen. Ein Unternehmen tut gut daran, solche Schlüsselspieler frühzeitig zu erkennen und für die Sache einzuspannen. Sie eignen sich genau als die Multiplikatoren, die man braucht, um andere mitzureißen, und können sich darüber hinaus auch für weiterführende Aufgaben empfehlen.

Bob Woodward, einer der Reporter der Washington Post, die die Watergate-Affäre aufdeckten, soll einmal gesagt haben: „Alle großen Erfolge basieren auf Ungehorsam gegenüber den Unternehmen." Dies steht zwar zunächst im Gegensatz zu der o.g. These, dass Führung von Gefolgschaft lebt, passt aber insofern ins Bild, als dass von der Ebene der Sachbearbeiter Impulse kommen, die von der Führungskraft zunächst nicht gesehen werden und dass im Zweifelsfall ein Sachbearbeiter als Multiplikator besser ist als gar keiner. Nur muss er auch die Chance bekommen, sich aus den Fängen seiner Führungskraft zu befreien. Denn wenn diese ihn als renitent beurteilt, weil er ihr gefährlich wird, geht viel Potenzial verloren.

Nicht alle sind von alleine motiviert

Andere Mitarbeiter in administrativen Bereichen werden hingegen Orientierung brauchen. Sie benötigen eine Führungskraft, die von der Richtigkeit ihres Handelns überzeugt ist und glaubhaft vermitteln kann, dass die eingeleitete Veränderung zum Wohl des Unternehmens und der Mitarbeiter stattfindet. Kurz: Zusätzliche Motivation durch glaubhafte Führungskräfte wird dem Erfolg von Lean Administration in jedem Fall zuträglich sein. Diesen Punkt werde ich im folgenden Abschnitt noch etwas ausführlicher diskutieren.

6.2 Motivation schaffen und aufrechterhalten

Top-Unternehmen erkennt man immer an ihren Zielen. Sie arbeiten nicht einfach, sondern sie machen ihr Geschäft mit Leidenschaft. Ihr Ziel ist es, diese Leidenschaft durch exzellente Leistung auszudrücken – und sie in Gewinn umzumünzen. „Exzellente Führung – welcher Ausprägung im Detail auch immer – löst eine Resonanz aus. Die Geführten werden emotional erreicht, inspiriert, zur Höchstleistung befeuert" (Brand, Löhr 2008). Um Mitarbeiter zu Lean Administration zu motivieren, bedarf es im Wesentlichen der nachfolgenden Aspekte, die das Management im Vorfeld berücksichtigen sollte:

- Kommunizieren Sie offen die Ziele, die Sie mit Lean Administration in Verbindung bringen und die Sie erreichen möchten.
- Geben Sie Ihren Mitarbeitern die Sicherheit, dass die aktive Mitarbeit bei der Implementierung schlanker Prozesse lohnt und keine persönlichen Konsequenzen mit sich bringt.
- Schulen Sie Ihre Mitarbeiter, so dass sie auch tatsächlich das Handwerkszeug beherrschen, um Teil des Ganzen zu werden und aktiv mitarbeiten zu können.
- Messen und kommunizieren Sie Erfolge.

Diese Kernthesen habe ich größtenteils bereits in Kapitel 2 unter der Fragestellung ‚Wie anfangen?' beschrieben. Denn genau hier, am Anfang des Prozesses, werden viele schwerwiegende Fehler gemacht. Das Management läuft immer Gefahr, dass ein Konzept, eine Idee oder eine Philosophie bei den Mitarbeitern ‚verbrannt' ist, wenn diese einmal falsch angegangen wurde. Ein Neuanfang wird schnell mit den Negativerfahrungen des ersten Versuchs in Verbindung gebracht und ist deshalb immer aufwändiger, als von vornherein alles richtig zu machen.

In der betrieblichen Praxis ist es häufig gar nicht so schwierig, die Voraussetzungen für Motivation zu schaffen – wenn man die oben genannten Punkte und die jeweiligen Antriebe des Individuums, also des einzelnen Mitarbeiters, berücksichtigt. Das Aufrechterhalten hingegen kann deutlich aufwändiger sein, wenn der Reiz des Neuen verlorengeht oder sich altgediente Prozeduren aus Bequemlichkeit oder der fehlenden Überwachung von Standards wieder einschleichen. Toyota praktiziert Kaizen erfolgreich seit 1945 (vgl. Imai 1996). Dies ist jedoch auch auf eine andere Mentalität und eine andere Einstellung zur Arbeit zurückzuführen.

Inspiration statt Lethargie

In Deutschland (und anderen westlichen Kulturkreisen) bedarf es aus Gründen, auf die ich im weiteren Verlauf dieses Kapitels noch eingehen werde, einer gewissen Motivation und Inspiration, um Menschen zu etwas zu bewegen. Ein gutes Beispiel ist die Weltmeisterschaft

2006. Ob Jürgen Klinsmann ein guter Trainer ist oder nicht, wird an dieser Stelle nicht diskutiert. Aber er hatte es geschafft, mit einem Ziel, einer Vision und einem gewissen Talent andere zu motivieren, aus einem einigermaßen desolaten Haufen einzelner Charaktere eine Mannschaft zu formen und diese gezielt auf einen Punkt hin zu motivieren. Zwar verlief die Vorbereitung auf die WM mehr oder weniger katastrophal (unter anderem war von der ‚Schande von Florenz' die Rede – 1:4 gegen Italien!). Dennoch verlor Klinsmann das Ziel, Weltmeister im eigenen Land zu werden, nie aus den Augen. Es gelang ihm sogar, dieses Ziel zu einer Vision auszubauen, die für alle Spieler greifbar und wünschenswert war und worauf sie aktiv hinarbeiteten. Bekanntermaßen war der Erfolg nicht das Ergebnis weniger einzelner Helden, sondern des Teams, das durch junge Spieler mit Leistungsbereitschaft, einem starken Willen und sicher auch einem gewissen Können geformt wurde.

Dieses Beispiel lässt sich ohne weiteres auf die Lean Administration und natürlich auch auf andere Managementkonzepte und Ansätze zur Veränderung im Unternehmen übertragen: Es ist hilfreich, jemanden zu haben, der die Mitarbeiter motiviert und inspiriert. Ein Referent brachte dies am Rande einer unserer Tagungen zum Thema Lean Administration einmal so auf den Punkt:

Bereitschaft zur Leistung und Veränderung = Leidensdruck x Vision x Wollen.

Man muss kein Mathematiker sein, um festzustellen, was passiert, wenn einer der Multiplikatoren Null ist. Ist der Leidensdruck im Unternehmen sehr klein, weil beispielsweise bereits eine hohe Rendite erwirtschaftet wird oder das Unternehmen eine sehr starke Marktposition hat, kann es schwierig werden, die Mitarbeiter von der Notwendigkeit zur Veränderung zu überzeugen. Gleiches gilt für eine fehlende Vision: Wenn die Frage gestellt wird, wofür die Veränderung denn überhaupt notwendig sei (weil das Ziel völlig unklar ist), wird sich ebenfalls wenig bewegen. Und zuletzt geht es um das Wollen, eben die Motivation, die idealerweise von den Mitarbeitern alleine kommt (wobei sie im Zweifelsfall jedoch Unterstützung benötigen). Das ‚Können' kommt in dieser Formel deshalb nicht vor, weil es implizit im ‚Wollen' vorhanden ist. Wenn bei einem Mitarbeiter (oder Spieler) überhaupt keine Qualifikation oder Expertise vorhanden ist, sollte dies im Vorfeld natürlich berücksichtigt werden. Erfahrungsgemäß sind die meisten Akteure jedoch zu viel mehr Leistung in der Lage, wenn das entsprechende Umfeld stimmt und sie Teil des Ganzen sein wollen.

Klinsmann nutzte genau dieses Prinzip LVW. Er gab eine Vision vor, die für alle Spieler erstrebenswert war. Der Leidensdruck war dadurch gegeben, dass die Weltmeisterschaft im eigenen Land stattfand und die Mannschaft vor dem eigenen Publikum quasi zur Leistung verpflichtet wurde. Das Wollen unterstützte er nicht zuletzt dadurch, indem er junge, ‚hungrige' Spieler in die Mannschaft nahm, für die es noch etwas bedeutete, in der deutschen Nationalmannschaft zu spielen. Dass die Rolle Klinsmanns im Industrieunternehmen einer Führungskraft zufällt, braucht an dieser Stelle wohl nicht mehr ausdrücklich erwähnt zu werden.

! Das Prinzip LVW gilt auch für Ihr Unternehmen. Ermitteln Sie vorab, welches bei Ihnen die individuellen Voraussetzungen für L, V und W sind, damit Lean Administration ein Erfolg wird.

LVW steht übrigens nicht im Widerspruch zu den o.g. Thesen Herzbergs, wenn man dem unter Kapitel 2 beschriebenen systematischen Ansatz folgt und erst die Strukturen bereinigt.

Die Motivation der Mitarbeiter differenzieren

Bleibt noch die Frage zu klären, was die Mitarbeiter konkret motiviert und zur Leistung antreibt. Denn die Gründe sind durchaus unterschiedlich. Es gibt nur in den seltensten Fällen das eine Motiv, das alle Mitarbeiter antreibt. In der Regel variieren diese Motive stark – und die herauszufinden ist Führungs,arbeit' im wahrsten Sinne des Wortes. Nehmen Sie das Beispiel ,Anerkennung'. Viele Führungskräfte nehmen an: „Anerkennung ist für alle wichtig". Leider ist diese Annahme falsch. Anerkennung durch den Chef kann für einen Mitarbeiter ein Motiv sein, Leistung zu erbringen, muss es aber nicht. Ein Manager überschüttet diesen Mitarbeiter in diesem Fall mit Lob, um ihn zu mehr Leistung und zur Veränderung zu motivieren. Nur verändert sich dadurch eigentlich nichts – was nicht daran liegt, dass der Mitarbeiter keine Lust hätte oder gar renitent wäre. Es liegt einfach daran, dass ihm Anerkennung nicht wichtig ist. Noch schlimmer ist es, wenn zwei Menschen mit stark unterschiedlich ausgeprägten Anerkennungsmotiven in zwei unmittelbaren Hierarchiestufen aufeinanderprallen. Heißt: Ein Mitarbeiter, dem Anerkennung wichtig ist, stößt auf einen Vorgesetzten, dem Anerkennung selbst nicht viel bedeutet. In diesem Falle sind Probleme vorprogrammiert, denn der Mitarbeiter erwartet ein Lob, das der Vorgesetzte selbst an dieser Stelle nicht benötigen würde. So bleibt das Lob häufig aus, der Mitarbeiter wird demotiviert. Dies kann sogar so weit gehen, dass der Mitarbeiter in seinem Chef einen ,arroganten Schnösel' sieht, während der Mitarbeiter für den Chef als ,Weichei' abgestempelt wird. Beides zu unrecht.

Ein anderes Beispiel ist die Teamorientierung (nicht Teamfähigkeit!). Auch dieses Motiv kann sehr unterschiedlich ausgeprägt sein. Es gibt Menschen, die ein Team benötigen, um Leistung zu erbringen. Andere haben als Individualisten eine bessere Performance. Wird ein solcher Individualist nun in ein Team (zwangs-)integriert, sind negative Auswirkungen auf seine Leistung die Folge. Selbst wenn er sich kognitiv darüber bewusst ist, dass eine Mitarbeit im Team sinnvoll ist, wird es ihn emotional viel Kraft kosten, sich ins Team zu integrieren. Diese Kraft geht ihm für die Erbringung der Arbeitsleistung verloren. Betrachten Sie dieses Beispiel einmal vor dem Hintergrund eines Auftragszentrums, an sich ein ideales Instrument, um Lean Administration prozessorientiert zu verwirklichen. Wenn Sie die Individualität der Mitarbeiter nicht berücksichtigen, kann folgendes eintreten: Der Top-Performer der Arbeitsvorbereitung, der zuvor sein abgegrenztes Aufgabengebiet hatte, geht auf einmal sang- und klanglos im Team unter. (Andererseits besteht natürlich auch die Chance, dass andere Mitarbeiter im Team auf einmal eine Leistung erbringen, die Sie vorher nicht für möglich gehalten haben.)

Was den Einzelnen zur Leistung motiviert, hat der Psychologe Steven Reiss, Professor an der Ohio State University, Mitte der 90er Jahre untersucht (Reiss 2009). Nach Reiss gibt es 16 Lebensmotive, die einen Menschen im privaten wie im beruflichen Umfeld zur Leistung antreiben. Diese Motive zu kennen, ist ungemein hilfreich, um Mitarbeiter gezielt einzusetzen und zu motivieren. Es geht dabei nicht um ‚gut‘ oder ‚schlecht‘, sondern um unterschiedliche Ausprägungen der einzelnen Motive. Diese haben relevante Auswirkungen darauf, was einen Menschen zur Leistung antreibt. Neben den oben genannten Motiven gehören hierzu u.a. auch Macht, Status, Neugier, Ziel-/Zweckorientierung, Rache/Kampf – oder Ordnung. Ein Mitarbeiter mit sehr niedrigem Ordnungsmotiv weiß Flexibilität und Spontaneität zu schätzen. Er ist offen für Abweichungen in Strukturen, lässt Freiräume zu und legt wenig Wert auf Ordnung und Sauberkeit. Tun Sie darum dem Mitarbeiter und sich selbst einen Gefallen: Benennen Sie ihn keineswegs zum 5S-Beauftragten für Ihren Bereich!

Motivationsmodelle gibt es natürlich eine ganze Reihe, sei es aus der allgemeinen Psychologie (McClelland 1988, Reiss 2009), der Human-Psychologie (Maslow 1962, Alderfer 1972) oder der Arbeitspsychologie (McGregor, Herzberg). Wir haben jedoch nicht zuletzt durch Selbstversuch die Erfahrung gemacht, dass in Bezug auf die betriebliche Praxis die Lebensmotive von Reiss sehr wichtig sind, um Mitarbeiter zielorientiert einzusetzen. Auf diese Weise können grundlegende Fehler von vornherein ausgeschlossen werden.

Die Motivation auf Dauer aufrechterhalten

Die Mitarbeiter dauerhaft ‚bei der Stange zu halten‘ ist wohl die größte Herausforderung für das Management. Schließlich geht es darum, nach den ersten offensichtlichen Quantensprüngen die Prozesse kontinuierlich mit kleinen Verbesserungen zu optimieren. Das Streben nach Perfektion (oder nach Business Excellence, wie es heute so schön heißt) wird schwierig, wenn den Mitarbeitern die neue Philosophie noch nicht in Fleisch und Blut übergegangen ist. Hier gilt es, die Mitarbeiter immer wieder von Neuem zu motivieren und die Nachhaltigkeit der Lean-Philosophie sicherzustellen. Die konkreten Ansatzpunkte möchte ich im nachfolgenden Abschnitt detaillierter beleuchten.

6.3 Nachhaltigkeit sicherstellen: Drei Instrumente

‚Nachhaltigkeit' ist heute in aller Munde. Nicht zuletzt, weil viele Managementkonzepte, Tools und Ideen häufig im Sande verlaufen. Nachhaltigkeit ist auch im Zusammenhang mit Lean Administration ein Thema. Denn Strohfeuer sind unbedingt zu vermeiden.

Streng genommen ist dies zwar ein Widerspruch an sich, denn als Unternehmensphilosophie betrachtet, muss diese einfach gelebt und durch die Führung sichergestellt werden. Dennoch tun sich manche Manager wie beschrieben mit dem Prinzip Führung schwer, so dass ‚Hilfsmittel' zur Aufrechterhaltung der Motivation und Nachhaltigkeit sinnvoll anzuwenden sind.

Zur Sicherstellung der Nachhaltigkeit gibt es eine Vielzahl von Konzepten. Im vorliegenden Zusammenhang möchte ich mich jedoch auf die drei wichtigsten Instrumente konzentrieren: Kennzahlentracking, Zielvereinbarungen und Audits.

Kennzahlen: Motivation statt Kontrolle

Richtig ausgewählt und eingesetzt, sind Kennzahlen sinnvoll und hilfreich, um den Grad der Prozesseffizienz sowie eine kontinuierliche Verbesserung zu messen. Unter dem Aspekt Nachhaltigkeit sind sie unabdingbar, um Transparenz und Motivation über einen längeren Zeitraum aufrechtzuerhalten.

Die richtigen Kennzahlen verhindern den Blindflug

Fakt ist: Die richtigen Kennzahlen verhindern den Blindflug. Fakt ist aber auch: Bei Kennzahlen kann man viel falsch machen. Das fängt bei der Auswahl der Kennzahlen an, die nicht aus den Unternehmenszielen abgeleitet sind, miteinander im Wettbewerb stehen oder einfach nicht des Pudels Kern treffen. Letzteres trifft übrigens häufiger auf große Unternehmen zu, die mit konzernweit einheitlich definierten Kennzahlen arbeiten, die auch für Bereiche gelten, in denen sie einfach nur Aufwand erzeugen. Der nächste Fehler liegt in einer falschen Definition der Kennzahl, wobei dies dadurch relativiert wird, dass auch bei einer falsch definierten Kennzahl die relative Veränderung messbar ist. Und die zählt. Ein weiterer Aspekt ist der Aufwand, um die Kennzahlen zu ermitteln. Hier muss immer bewertet werden, welcher Nutzen wie viel Aufwand rechtfertigt. Und zuletzt geht es um die Visualisierung der Kennzahlen selbst. Jeder kennt die Kennzahlenaushänge in Unternehmen, die den Auftragseingang von vor zwei Jahren oder die Fehlerquote der Konstruktion des vorletzten Quartals darstellen – ein absolutes k.o.-Kriterium für das Arbeiten mit Kennzahlen.

In diversen Publikationen zum Thema Produktionscontrolling (Laqua 2004, 2007, 2008) habe ich beschrieben, was im Umgang mit Kennzahlen wichtig und zu berücksichtigen ist. In der Administration gelten im Prinzip genau die gleichen Regeln – mit einem wesentlichen Unterschied: Die Mitarbeiter der Produktion sind es gewohnt, anhand von Kennzahlen

einfacher Aufbau und Rechenalgorithmus (KISS*) Ermittlung aus wenigen Ausgangsdaten Nachvollziehbare Kennzahlenermittlung	**konvergent zu den Unternehmens- bzw. Marktzielen** Stringente Zielformulierung Berücksichtigung externer Faktoren
Zielsetzung: Abweichungen zu einem Planwert messen Operative Ermittlung der Planwerte (Basis) Bewertung der Abweichungen (Grenzen)	**bekannte und verlässliche Datenquellen** Plausible und aktuelle Datenbasis Keine redundante Daten
voll beeinflussbar durch Verantwortliche eingeleitete Maßnahmen müssen im Beobachtungszeitraum bereits greifen können und sichtbar werden	**Gewichtung der Kennzahlen** Angleichung der Planwerte gleicher Kennzahlen in verschiedenen Segmenten für interne Vergleiche (Benchmarking)

hohe Aussagekraft für die Mitarbeiter des Bereichs bzw. Segments
Abbildung der operativen Abläufe
Wiedererkennen der eigenen Leistung

* **KISS**: Keep it simple and stupid

Bild 6-2: Do's and Dont's der Anwendung von Kennzahlen

gemessen zu werden. Die Messung der Prozesseffizienz in der Administration ist hingegen für viele Unternehmen völliges Neuland. Demzufolge ist es empfehlenswert, bei der Einführung von Kennzahlen in der Administration sensibel vorzugehen und die oben genannten Fehlerquellen soweit wie möglich zu vermeiden.

Aber wie gelangen Sie an die richtigen Kennzahlen? Welches die richtigen Kennzahlen sind, die die Effizienz der administrativen Prozesse messen, hängt von den Unternehmenszielen, der jeweiligen Ausgangssituation und den Möglichkeiten zur Kennzahlenerfassung ab. Es geht darum, die Key Performance Indicators (KPI) zu identifizieren und aktiv damit zu arbeiten. Die in Kapitel 3.7 beschriebenen Kennzahlen bilden aus meiner Sicht eine Grundlage, um das ‚Lean der Administration' messen zu können. In Kombination mit den klassischen Bereichs- bzw. Prozesszielen und unter Einhaltung der oben genannten Regeln für den Umgang mit Kennzahlen sind sie ein ideales Führungsinstrument.

Kennzahlen visualisieren Erfolge – und Misserfolge

Kennzahlen haben noch einen anderen Vorteil. Sie visualisieren Erfolge, aber leider auch Misserfolge. Die Erfolge sind wichtig, um die Mitarbeiter bei der Stange zu halten. Wer will schließlich nicht nach außen oder dem Management gegenüber gut dastehen und von sich behaupten können, die vorgegebenen Ziele erreicht zu haben. Und selbst wenn Ziele nicht erreicht wurden (weil gegebenenfalls zu ehrgeizig formuliert), ist ein positiver Trend durchaus anerkennenswert. Dies wird auch oder insbesondere durch das Aushängen solcher Erfolge unterstrichen. Gute Dienste leisten KPI-Boards.

Bei Misserfolgen sieht das anders aus. Hier lautet die Aufgabe, aus Fehlern zu lernen. Betrachten Sie das Nichterreichen vordefinierter Ziele als Chance. Zu diesem Zweck müssen die Gründe ermittelt und konkrete Maßnahmen definiert werden. Dies kann durch die Implementierung eines PDCA-Zyklus erfolgen, mit dem ein kontinuierlicher Verbesserungsprozess systematisiert wird. Auf keinen Fall geht es bei Misserfolgen darum, einen Schuldigen zu finden und ihn an den Pranger zu stellen, denn das wird die Mitarbeiter nur verunsichern und demotivieren. Der souveräne Umgang mit Kennzahlen ist also auch eine Frage der Unternehmenskultur und des Führungsstils.

Monitoring via Kennzahlen

Die Art und Weise, wie Kennzahlen gemessen und visualisiert werden, kann unterschiedlich erfolgen. Ich empfehle, denjenigen, der für die Kennzahl verantwortlich ist, auch selbst für das Ermitteln und die Darstellung der Werte verantwortlich zu machen. Zwar findet auf diese Weise das Vier-Augen-Prinzip keine Berücksichtigung, es hat jedoch den großen Vorteil, dass sich diese Mitarbeiter auch tatsächlich mit den Kennzahlen identifizieren. Des Weiteren gibt es für das Management einen zentralen Ansprechpartner, der für die Pünktlichkeit, die Art der Darstellung und die Werte der Kennzahlen verantwortlich zeichnet. Vor dem Hintergrund einer möglichst automatisierten Kennzahlenermittlung ist dies ein Aufwand, der mit zur Aufgabe einer Führungskraft gehört und in der Höhe wohl auch vertretbar ist. Denn die Alternative wäre, wieder einen Bereich aufzubauen, der Kennzahlen ermittelt. Und das will wohl keiner, der Lean Administration ernst meint.

Mit Zielvereinbarungen führen

Unternehmensziele finden, definieren und managen ist eine wichtige Aufgabe. Hier liegt, trotz vermeintlichen ‚Führens durch Ziele', in deutschen Unternehmen Vieles im Argen, weil die Gestaltung vieler Funktionen und Prozesse schlicht und ergreifend nicht an die Unternehmensziele gekoppelt sind. Das Zielsystem in deutschen Unternehmen orientiert sich in der Regel an den Zielen des jeweiligen Vorstandsressorts. Da diese Ressorts jedoch nur selten wirklich durchgängige Ziele haben, werden sich die bei der Zielentfaltung getroffenen Vereinbarungen mehr oder weniger deutlich voneinander unterscheiden, je nachdem, welches Ressort man betrachtet. Wird eine Organisationseinheit einem anderen Vorstandsressort zugeordnet, ändern sich daher häufig auch die Ziele. Hieraus ergeben sich zwangsläufig Konflikte, sofern eine Organisation nicht prozessorientiert aufgebaut ist. Und die verhärten nicht nur die Fronten zwischen einzelnen Abteilungen, sondern verhindern auch, dass die gesamte Unternehmensleistung gesteigert wird. Und genau um die geht es.

Zielvereinbarungen nicht um jeden Preis

In vielen Unternehmen werden regelmäßig Zielvereinbarungen getroffen. Die Frage ist jedoch: Wofür? Geht es vielleicht darum, dass der Bereichsverantwortliche mehr Geld verdient, weil er variabel am Grad seiner Zielerreichung gemessen wird? Dieser Eindruck wird einem aufmerksamen Beobachter vermittelt, denn wie fahrlässig agieren manche Führungskräfte, nur um ihre Ziele am Ende der Bewertungsperiode zu erreichen und damit ihren Bonus zu sichern. Während ich an diesem Kapitel schrieb, fiel mir der Werksleiter ein, der an der Produktionsleistung seines Werkes gemessen wurde. Die war am Ende des Geschäftsjahres noch nicht ganz erreicht. Um sein Ziel sicher zu erfüllen, benötigte er noch eine Produktionscharge, die in Hochtemperaturvakuumöfen in der Entstehung war. Da die Prozesszeit des produzierten Materials drei Monate beträgt und zum anstehenden Geschäftsjahresende erst zwei Monate verstrichen waren, entschloss er sich, die Öfen zu öffnen. Die Chancen für eine fehlerfreie Charge standen 50:50. Das Resultat war, dass durch das zu frühe Abbrechen des Prozesses die gesamte Produktionscharge unbrauchbar wurde. Der Verlust für das Unternehmen ging in die Hunderttausende.

Zielvereinbarungen sind grundsätzlich ein geeignetes Führungsinstrument, aber nicht unter allen Umständen in jedem Unternehmen bedingungslos zu empfehlen. Denn wie das Beispiel belegt, müssen Führungskräfte auch reif dafür sein, mit Zielen geführt zu werden, um zu erkennen, dass es nicht darum geht, einen kurzfristigen Gewinn zu erzielen, sondern nachhaltigen Erfolg sicherzustellen.

Zielvereinbarungen sind (wirklich) individuell und fordern auch den Vorgesetzten

Weil das Ausformulieren von individuellen, aus den Unternehmenszielen abgeleiteten und messbaren Zielen in solchen Vereinbarungen nicht immer ganz trivial ist, machen es sich viele Unternehmen leicht und stellen einfach messbare, wirtschaftliche Ziele über alles. Vor dem Hintergrund, dass eine Zielvereinbarung aber die Intention hat, einen Einzelnen individuell zu fordern, seinen Beitrag zur Gesamtzielerreichung zu leisten, ist es zwingend erforderlich, dieses Führungsinstrument auch richtig einzusetzen. So muss ihm zunächst einmal erläutert werden, warum die Ziele für das Unternehmen wichtig sind und welches sein konkreter Beitrag zur Zielerreichung ist. Die Ausprägung der Ziele im Sinne einer Quantifizierung der Kennzahlen erfolgt durch eine Vereinbarung und nicht durch einseitige Vorgaben des Managements.

Zielvereinbarungen im Zusammenhang mit Lean Administration sollten neben den allgemeinen Richtlinien für die Erstellung von Zielvereinbarungen (Beeinflussbarkeit durch die zu messende Person etc.) folgende Grundsätze berücksichtigen:

Eine beispielhafte Zielvereinbarung für einen schlanken Prozess im Vertrieb könnte unter Berücksichtigung der Bilanzhülle sowie der jeweiligen Schwerpunkte wie folgt aussehen (siehe Bild 6-3).

Doch Vorsicht: Solange Sie eine Zielvereinbarung nach dem oben gezeigten Schema aufbauen, ist Lean Administration in Ihrem Unternehmen noch nicht angekommen. Denn eine Unterscheidung in allgemeine Unternehmensziele und Lean Administration-Ziele zeigt deutlich, dass Lean noch nicht zur ‚Selbstverständlichkeit' geworden ist – letztendlich ein Indiz dafür, dass nächstes Jahr eine andere ‚Kampagne' mit anderen Zielen im Vordergrund stehen könnte. Und Lean ist keine Kampagne!

Zielvereinbarungen nicht um ihrer selbst willen treffen

Die Auswahl und die Verfolgung der Ziele erfolgen nicht um ihrer selbst willen. Es geht in dem oben dargestellten Beispiel darum, das Antwortzeitverhalten und die Qualität gegenüber dem Kunden zu erhöhen und den internen Aufwand zu reduzieren. Diese Ziele gelten für den Vertrieb und leiten sich aus den allgemeinen Unternehmenszielen ab, beispielsweise die Erhöhung der Kundenzufriedenheit oder die Steigerung der Marktanteile durch einen höheren Servicegrad. Wichtig ist auch, dass die Ziele einer Zielvereinbarung nicht ein für alle Mal in Stein gemeißelt sind. Wurden mit der oben genannten Zielvereinbarung beispielsweise die kundenrelevanten Ziele (Qualität und Geschwindigkeit) erreicht, kann der Fokus im nächsten Jahr mehr auf die internen Prozesse gerichtet werden, um die Nachhaltigkeit der zuvor erreichten Ziele auch tatsächlich sicherzustellen.

Lean Administration-Audits: Chance statt Bürokratismus

Um den Reifegrad administrativer Prozesse zu beurteilen, setzen erfolgreiche Unternehmen strukturierte Instrumente ein. Dazu gehören auch Audits. Sie sind ein wichtiges Instrument, um

Zielkategorie / Ziel	Gewich-tung	Derzeitige Situation / Ist	Zu erreichen / Soll	Definition Messkriterien	Frist
1) allg. Abteilungsziele					
Umsatz	x%				
Neukundenquote	x%				
...	x%				
Zwischensumme I	**x%**				
2) Lean Admin-Ziele					
Durchlaufzeit Angebotserstellung	10,0%	5 Tage	2 Tage	Durchschnitte Laufzeit aller Angebote im Bewertungszeitraum von der Kundenanfrage bis zum Versand	30.9.10
Anzahl fehlerhafter Auftragsbestätigungen	10,0%	7 / Monat	3 / Monat	Anzahl der von einem internen oder externen Kunden gemeldeten Fehler in einer Auftrags-bestätigung	30.9.10
Durchführung Audit und Audtibewertung	15,0%	72,0%	85,0%	Der Vorgesetzte muss ein Audit in einer anderen Abteilung der Administration durchführen. Seine eigene Abteilung wird von einem Kollegen durchgeführt. Das Auditergebnis darf nicht unter 85% liegen.	30.9.10
Zwischensumme II	**35,0%**				

Bild 6-3: Beispielhafte Zielvereinbarung für den Vertrieb

- Klarheit hinsichtlich der Zielerreichung und möglicher Risiken zu bekommen,
- zu überprüfen, ob die Nachhaltigkeit von Maßnahmen gewährleistet ist,
- Prozesse gezielt weiterzuentwickeln,
- Prozesse hinsichtlich der Erfüllung von Anforderungen zu bewerten,
- den Umsetzungserfolg und die Wirksamkeit zu beurteilen sowie
- allgemeine Probleme, aber auch Verbesserungsbedarfe aufzuspüren.

So viel zur Theorie. Audits werden in zahlreichen Unternehmen noch immer mehr als ‚lästiges Übel' denn als Chance zur Verbesserung empfunden. Man bemüht sich aus diesem Grund, sie so schnell als möglich hinter sich zu bringen. Optimierend am Prozess gearbeitet wird allenfalls in den Wochen oder Tagen vor dem Prüfungstag. So viel zur Praxis.

Lean Administration-Audits: Effizienz statt Eloquenz

Lean Administration-Audits unterscheiden sich grundsätzlich nicht von regulären Audits aus dem Umfeld des Qualitätsmanagements. Sie verfolgen die oben genannten Ziele unter dem Aspekt der Prozesseffizienz. Letzteres heißt aber auch: Es geht nicht (nur) darum zu prüfen, ob ein Schreibtisch aufgeräumt ist. Es gilt zu bewerten, ob Lean tatsächlich gelebt wird. Um der teilweise negativen Assoziation mit dem Begriff Audit zu entgehen, wird in einigen Unternehmen das Procedere auch ‚waste walk' genannt. In gewisser Weise ist das Audit nur die konsequente und systematische Fortsetzung des Initial-waste walks, der dem Abholen der Mitarbeiter zu Beginn des Prozesses dient.

Wenn es bei Audits darum geht, die Effizienz von Prozessen zu messen, sollte der Audit-prozess selbst natürlich nicht ineffizient sein. Es ist daher dringend zu empfehlen, Lean Administration-Audits ‚kurz und knackig' ohne hohen bürokratischen Aufwand durchzu-führen (der in regulären QM-Audits zweifelsohne in den meisten Fällen vorhanden ist). Bestimmte Spielregeln sind einzuhalten, um die Ernsthaftigkeit eines solchen Instruments nicht zu gefährden. Hierzu gehören u.a. die Ankündigung, welcher Bereich wann auditiert wird, die strukturierte Vorbereitung und Durchführung sowie eine systematische Auswer-tung der Ergebnisse, um daraus ableitend auch tatsächlich Verbesserungspotenziale ableiten zu können. Lean Administration-Audits können auch in die regulären QM-Audits integriert werden, indem das QM-Audit um zusätzliche Aspekte ergänzt wird. Ich empfehle allerdings vor dem Hintergrund der oben beschriebenen Assoziation bei den Mitarbeitern eine klare Trennung der beiden Themen.

Der ganzheitliche Ansatz: Das Audit bewertet, was wirklich wichtig ist

Wenn ein Lean Administration-Audit effiziente Ergebnisse liefern soll und eben mehr bewer-tet als Ordnung und Sauberkeit, muss das Audit dem Lean Administration-System angepasst werden. Entsprechend den Ausführungen der vorherigen Kapitel sollte das Audit deswegen strukturelle Aspekte genauso berücksichtigen wie Prozessthemen. Die grobe Gliederung eines Audits könnte wie folgt aussehen:

- Review der allgemeinen Zielsetzung
- allgemeine Lean-Themen: Bewertung von 5S, Einhaltung von Besprechungsstandards, E-Mail-Verkehr etc.
- strukturelle Themen (je nach Prozess): Effektivität bzw. Überarbeitungsstand des Artikel-sortiments, der Produktstruktur, der Organisationsstruktur etc.
- Prozesse der Administration: Kennzahlenreview, Bewertung der Prozesseffizienz.

! Wichtiger als ein bürokratisches Abarbeiten dieser Themenstellungen ist ein pragmatischer Ansatz. Lassen Sie nach Abschluss einer Besprechung deren Effizienz einmal spontan bewerten und Verbesserungspotenziale für das nächste Mal dokumentieren. Wie das konkret gehandhabt wird, bleibt Ihnen überlassen. Einzige Restriktionen: der administrative Aufwand sollte vertretbar, die erzielten Ergebnisse müssen verwertbar sein.

Management Attention ist zwingender Bestandteil erfolgreicher Systeme

Bleibt noch eine Frage offen: Wer soll das Audit überhaupt durchführen? In der Manage-mentliteratur ist allgemein nachzulesen, dass Auditoren entsprechend qualifiziert sein und dies im Rahmen von QM-Audits sogar nachweisen müssen. Erfolg oder Misserfolg von Lean Administration hängen jedoch in den seltensten Fällen davon ab, wie qualifiziert ein Auditor seine Arbeit verrichtet! (Auch wenn qualifizierte Arbeit sicher nicht schadet.) Will man die Mitarbeiter abholen, ist Management Attention zwingend erforderlich. Wie bereits gesagt, muss das Management Lean Administration vorleben. In diesem Fall ist es durchaus legitim, dass sich das Management vom Umsetzungsstand der Lean-Philosophie im Unternehmen überzeugt und in persönlichen Kontakt mit den Prozessausführenden tritt. Das hat unbestritten eine Reihe von Vorteilen und ist letztendlich auch eine Frage der Unternehmenskultur. Manchen Manager dürfte es sogar Überwindung kosten, da die Kommunikation mit einem Sachbearbeiter bisher vielleicht nicht zu seinem Führungsstil gehörte (schlimm genug). Auch muss er sich die Zeit dafür nehmen, zum Gemba zu gehen und mit den Mitarbeitern über deren Arbeit zu diskutieren. Es gilt das Prinzip der ‚stumpfen Säge': Solange ein Prozess nicht ‚geschärft' wird, bleibt der Aufwand für dessen Bearbeitung entsprechend hoch. Darüber hinaus ist der Motivationsaspekt nicht zu unterschätzen, weil sich der Chef für die Arbeit der einzelnen Mitarbeiter interessiert. Idealerweise sehen die Mitarbeiter dies auch nicht als ‚Kontrolle', sondern als Möglichkeit, dem Management gezielt ihre Leistung zu präsentieren (je nachdem wie das Anerkennungsmotiv ausgeprägt ist).

Ein auditierender Manager weist im Übrigen noch zwei weitere Vorteile auf: Zum einen ist er derjenige, der die strukturellen Themen am besten bewerten und eine Zielrichtung korrigieren kann. Dies durch fachfremde Personen beurteilen zu lassen, wird immer schwierig bleiben, auch wenn man sich noch so sehr bemüht, Bewertungskriterien zu standardisieren oder diese mit Kennzahlen zu objektivieren. Zum anderen erhält er durch solche Audits selber einen Eindruck davon, wie das beschriebene Change Management im Unternehmen voranschreitet. Und so kann er mit individuellen Maßnahmen dort ansetzen, wo er noch den größten Handlungsbedarf sieht.

Bleibt noch die Frage, wer der Manager ist, der dies alles leisten soll. Die Antwort hängt von der Unternehmensgröße und der Unternehmensorganisation ab. Im klassischen Mittelstand ist dies sicher die Geschäftsführungsebene selbst, die zumindest punktuell solche Audits selber durchführen sollte. Bei größeren Unternehmen oder häufiger erforderlichen Einsätzen am Gemba ist auch die nächste Führungsebene gefragt. Sie sollte jedoch nicht der ‚Haftschicht' angehören. Denn solche Audits bieten auch Gelegenheit, die Mitarbeiter noch einmal mitzureißen und mit auf die Reise zu nehmen. Es ist nicht Aufgabe des Managers, solche Audits organisatorisch vorzubereiten. Unumgänglich ist jedoch die grundsätzliche Präsenz vor Ort.

Sie sehen: Lean Administration-Audits sind zu organisieren. Sie sind vorzubereiten, durchzuführen und nachzubereiten, wobei der eigentliche Mehrwert erst aus letzterem entsteht – dem konsequenten Einleiten und Umsetzen von Maßnahmen zur Verbesserung. Dies wirft schnell die Frage auf, wie Lean Administration überhaupt in einem Unternehmen organisiert

Bild 6-4: Die Wertschätzung der Führungskräfte ist unabdingbarer Bestandteil erfolgreichen Lean-Managements

wird – ein interessanter und für den Erfolg in der Praxis zugleich sehr wichtiger Aspekt, der Bestandteil des letzten Abschnitts ist.

6.4 Die Lean-Organisation

Lean muss organisiert werden – zumindest solange Lean noch nicht in Fleisch und Blut übergegangen ist! Hierzu gibt es unterschiedliche Organisationsansätze, die von einfach bis – typisch deutsch – beliebig kompliziert reichen. Wie schlank eine Lean-Organisation aufgebaut ist, ist häufig symptomatisch für den Zustand des ganzen Systems. Wenn von Lean-Organisation die Rede ist, geht es also nicht darum, wie lean eine Unternehmensorganisation sein sollte, sondern darum, wie Lean in einem Unternehmen organisiert wird.

Warum in Deutschland Lean als Prinzip von alleine nicht funktioniert

Lean Administration als Selbstläufer?

Dass Lean Management überhaupt organisiert werden muss, lässt sich auf die Einstellung zur Arbeit, die Mentalität und unterschiedlichen Kulturkreise zurückführen. In erfolgreichen japanischen Unternehmen gibt es keine Kaizen-Organisation. So hat ein japanischer Manager am Rande einer Lean Management-Tagung auf die Frage, wie Lean in seinem Unternehmen organisiert sei, geantwortet: „Kaizen wird bei uns nicht organisiert. Es wird praktiziert." Der wesentliche Unterschied liegt in Japan im bedingungslosen Einsatz des einzelnen Mitarbeiters für seine Firma. So werden japanische Kinder von klein auf dazu erzogen, sich als Mitglied einer Gruppe deren Interessen unterzuordnen. Die kaisha (Firma) ist die übergeordnete Gruppe, der gegenüber man sich loyal verhält und die einen dafür rundum versorgt und auch in Krisenzeiten nicht fallen lässt. Geht es der Firma gut, geht es auch den Mitarbeitern gut, und deshalb tun die Mitarbeiter alles zum Wohle der Firma (Plate, Bosse 1997). Diese Mentalität ist in anderen Kulturkreisen außerhalb Japans nicht in der Eindeutigkeit vorzufinden. Zwar wissen die meisten Mitarbeiter, dass es Sinn macht, sich zu verbessern und auch, dass es dazu eigentlich keines Anstoßes von außen bedürfen sollte. In der Praxis kann man sich jedoch häufig nicht des Eindrucks erwehren, dass viele Mitarbeiter ihre Motivation vor dem Werkstor liegen lassen, auch wenn sie sich privat noch so sehr engagieren.

Masaki Imai definierte Kaizen in einem Interview anlässlich des 25-jährigen Bestehens des Kaizen-Institutes als treibende Kraft für positive Entwicklungen im Management (Imai 1996). Das setzt zwei wesentliche Aspekte voraus: Einerseits das Commitment des Top-Managements zur kontinuierlichen Verbesserung, andererseits das Grundverständnis, dass jeder Einzelne seinen Beitrag leisten muss. Vielleicht sind das auch die Gründe, warum Kaizen laut Imai bisher in weniger als 1% aller Unternehmen erfolgreich im Einsatz ist.

In Deutschland wird Lean organisiert!

In westeuropäischen Kulturkreisen wird Lean aus den oben genannten Gründen ‚organisiert'. Dies ist vor dem Hintergrund der Zielsetzung gut und sinnvoll. Denn schließlich geht es darum, einen Wandel einzuleiten und manches Althergebrachte über Bord zu werfen. Darüber, wie radikal dies erfolgen kann oder soll, habe ich bereits in Abschnitt 6.1 geschrieben. Nicht gerade radikal, aber für die Mitarbeiter bemerkbar ist, wenn sich im Organigramm etwas ändert und Stabsstellen oder Kaizen-Verantwortliche in Fachbereichen benannt und ausgewiesen werden.

Solange es sich bei Lean nur um ein Thema der Produktion handelte, war die Frage nach der Aufbauorganisation noch relativ eindeutig. Musste jemand benannt werden, der Lean vorantreibt, wurde er entweder als Stabsstelle des Produktionsleiters oder im Qualitätsmanagement installiert (letzteres mit der Argumentation, dass Lean immer etwas mit kontinuierlicher Verbesserung zu tun habe und ‚bei der Qualität' schon ganz gut angesiedelt sei). Mit der Ausweitung der Lean-Philosophie auf die Administration und vor dem Hintergrund des beschriebenen notwendigen Change Management gewinnt die Lean-Organisation jedoch eine andere Bedeutung – auch im Organigramm.

Alternative Organisationskonzepte für Lean Management

Grundsätzlich sollte eine Lean-Organisation selbst so lean wie möglich sein. Wie das in der Praxis aussieht, hängt zum ersten von der Unternehmensgröße ab. Lean Administration in kleinen und mittelständischen Unternehmen kann von einer verantwortlichen Person wahrgenommen werden. In größeren oder über mehrere Standorte verteilten Unternehmen sieht das anders aus. Hier kann durchaus der Aufbau einer Lean-Organisation sinnvoll sein, da die zu betreuenden Prozesse bzw. Bereiche für einen Einzelnen zu groß werden. Zum zweiten ist das Aufgabenspektrum, das einer Organisationseinheit Lean Management zugeordnet wird, zu berücksichtigen. Steht ein Unternehmen mit Lean ganz am Anfang, werden zunächst mehr Aufgaben auf die Lean-Organisation zukommen als bei einem Unternehmen mit fortgeschrittenen Lean-Kenntnissen – insbesondere in Bezug auf das Schulen und Coachen.

Die Rolle des Lean-Managers

In kleineren Unternehmen übernimmt der Lean Manager (oder wie auch immer er genannt wird) die Funktion, Lean als Philosophie im Unternehmen zu verbreiten. In dieser Funktion arbeitet er eng mit dem Management zusammen und fungiert als dessen rechte Hand in Sachen Lean. Aus diesem Grund macht es auch Sinn, dies als Stabsstelle zu organisieren. Der Lean-Manager ist für das Coachen, die Methodenschulung oder das Durchsetzen von Standards in Zusammenarbeit mit den Fachabteilungen verantwortlich. Idealerweise greift er je Prozess bzw. Bereich auf einen Key Player zu, der das prozessspezifische Know-how mitbringt, um Verschwendung eindeutig zu identifizieren und die richtigen Gegenmaßnahmen einzuleiten.

Dass der Lean Manager ein entsprechendes Qualifikationsprofil mitbringen sollte, versteht sich von selbst. Hierzu gehören neben dem fachlichen Aspekt, Kollegen in Bezug auf Methoden zu schulen und diese selber erfolgreich anzuwenden, auch Soft Skills. So ist es definitiv hilfreich, wenn er als Motivator andere Leute mitreißen kann und sie von sich aus dazu bringt, Veränderungen durchzuführen. Fachlich gibt es heutzutage diverse Schulungen und Zertifikate, bei denen man das erforderliche Know-how erwerben kann. Die Berücksichtigung der Charakterfrage ist schon deutlich schwieriger. Auf keinen Fall sollte es jemand sein, der an anderer Stelle nicht mehr benötigt wird. Denn ist das erst einmal im Unternehmen bekannt, fehlt das notwendige Standing in der Organisation. Und das braucht dieser Mann definitiv, wenn er in der Administration gut ausgebildeten Ingenieuren und Kaufleuten gegenübersteht. Ein Management, das sich ernsthaft zu Lean Management als Philosophie bekennt, wird jedoch kaum auf die Idee kommen, so etwas zu tun.

Ein Fehler, der in der Praxis häufiger vorkommt, ist der ‚Teilzeit-Lean Manager'. Hier werden Mitarbeiter zu x% für Aufgaben des Lean Management freigestellt und arbeiten den Rest der Zeit in ihrer angestammten Position. Das Ergebnis: Nichts Halbes und nichts Ganzes. Der Grund für solche organisatorischen Klimmzüge ist ja sogar nachvollziehbar: Man scheut die Investition in zusätzliches Personal. Es gilt das Bekenntnis zu Lean: Wer es ernst meint, sollte an dieser Stelle nicht mit dem Sparen anfangen. Ein Lean Manager wird sich schnell rechnen, wenn er die notwendige Qualifikation und den erforderlichen Antrieb mitbringt.

Lean als Organisationseinheit

In größeren Unternehmen mit verteilten Strukturen wird der Lean Manager alleine schnell auf verlorenem Posten stehen. Zu groß wird der Aufwand für Schulung, Auditierung und operative Umsetzung gemeinsam mit den Fachbereichen. In diesem Fall ist der Aufbau einer Lean-Organisation unumgänglich. In der Praxis macht es Sinn, einen verantwortlichen zentralen Manager zu installieren, der die Fäden in der Hand hält und dafür sorgt, dass Standards eingehalten werden. Wie die Organisation darunter aussieht, kann variieren. Ich möchte an dieser Stelle auch keine philosophische Debatte über das Für und Wider unterschiedlicher Organisationskonzepte lostreten. Aber vor dem Hintergrund der bisherigen Ausführungen drängt sich ein Organisationsansatz vorrangig auf: die prozessorientierte Lean-Organisation. Die Gründe liegen auf der Hand:

- In größeren Unternehmen spielt die Durchsetzung von Standards eine wesentliche Rolle, um effizient zu arbeiten und die Performance verschiedener Standorte vergleichbar zu machen. Dies gilt für allgemein gültige Standards wie Besprechungsregeln oder E-Mail-Verkehr genauso wie für Prozessstandards. Liegt die Verantwortung für einen Prozess in einer Hand, so ist sichergestellt, dass Standards einheitlich implementiert werden.
- Ein Prozessverantwortlicher lernt den Prozess (sofern er nicht schon aus einem beteiligten Organisationsbereich kommt) sehr intensiv kennen und hat die Möglichkeit, fachspezifischen Input in die Prozessoptimierung zu geben.
- Ein Prozessverantwortlicher kann Best Practice von einem Standort auf den anderen übertragen. Auch wenn Prozesse standardisiert sind, sollte es vermieden werden, Best Practice-Ansätze eines einzelnen Standortes zu eliminieren. In einem solchen Fall sollte der Prozessverantwortliche klären, inwieweit es möglich ist, einen solchen Ansatz zum Standard zu erklären und auf die anderen Standorte auszurollen.

Ein Beispiel, wie eine solche Organisation aussehen kann, bildet das Global Process Management (GPM) der Firma Balluff. Hier steht weniger Lean Administration im Fokus der

Betrachtung als vielmehr die Durchsetzung einheitlicher Prozessstandards über alle Unternehmensstandorte. Die für das Global Process Management zuständige Abteilung Corporate Processes and Organization ist direkt der Geschäftsleitung unterstellt. Im Global Process Management sind alle Hauptprozesse globalen Prozessmanagern zugeordnet. Diese verantworten den Prozess und sind weltweit zuständig für den Prozess an sich, die Methodiken, Kennzahlen und die kontinuierliche Weiterentwicklung. Dabei erfolgt die weltweite Betreuung nach der 80/20-Regel. Dies bedeutet, dass 80% der Prozesse durch Konzern-Standards abgebildet werden und 20% für lokale und kulturelle Gegebenheiten angepasst werden können. Ingo Hettig, Director Corporate Processes and Organization bei Balluff, bringt es so auf den Punkt: „Die Gestaltung des konzernweiten Prozessmodells ist Startpunkt und Weichenstellung für die Erzielung von prozessualen Wettbewerbsvorteilen".

Die Konkretisierung der Verantwortlichkeiten

Die Einrichtung einer zusätzlichen, Lean Administration betreuenden Organisationseinheit wirft zu Recht die Frage nach den Verantwortlichkeiten auf. Eine eindeutige Zuweisung von Verantwortung zwischen Lean-Organisation und Fachbereichen ist unumgänglich, wenn tatsächlich eine Veränderung herbeigeführt werden soll. Die Lean-Organisation darf nicht in den Status einer QM-Organisation abrutschen, die im Unternehmen für die Produktqualität ‚verantwortlich zeichnet', während die Produktion ja nur Teile herstellt.

Es geht darum zu definieren, wer Lean-Aktivitäten initiiert, notwendige Analysen durchführt, diese interpretiert, die richtigen Maßnahmen auswählt und letztendlich verantwortlich umsetzt. Der operative Akt der Dokumentation ist dabei weniger das Problem. Dies erfolgt beispielsweise mittels der bereits beschriebenen RACI-Methode. Viel interessanter ist die Frage, wer solche Aktivitäten ins Leben ruft. Muss der Fachbereich seine Potenziale selbst identifizieren und die Lean-Organisation um Unterstützung bitten? Bietet diese sich dem Fachbereich an? Oder wird sie vom Management entsandt? Um es kurz zu machen: Letzteres ist in der Regel die schlechteste aller Möglichkeiten. Auf diese Weise signalisiert das Management Handlungsbedarf in einem Fachbereich und unterstellt gleichzeitig, dass dieser das Problem alleine nicht in den Griff bekommen wird. Der ‚Erfolg' der Maßnahme steht dann eigentlich schon fest, bevor sie überhaupt gestartet wurde. Deutlich zielführender ist es in der Regel, wenn die Lean-Organisation dem Fachbereich Maßnahmen empfiehlt, um Lean-Aktivitäten erfolgreich umzusetzen. In diesem Fall bewirbt sich diese beim Fachbereich um die Durchführung einer Maßnahme und steht damit im Prinzip auch in Konkurrenz zu externen Beratern. Sind Potenziale erkennbar, wird der Fachbereich in der Regel ein Interesse daran haben und dieser Maßnahme zustimmen – nicht zuletzt dann, wenn der zuständige Manager in seiner Zielvereinbarung ein entsprechendes Einsparpotenzial definiert hat, das es zu erreichen gilt.

Über den Autor

Dipl.-Ing. Ingo Laqua studierte Maschinenbau an der Ruhruniversität Bochum und der RWTH Aachen. 1993 begann er seine Karriere als Unternehmensberater bei einer mittelständischen Unternehmensberatung. 1996 wechselte er zur CIM Aachen GmbH, wo er seit 2005 Geschäftsführer ist und den Geschäftsbereich Managementberatung verantwortet. Seine Projekterfahrung erwarb Ingo Laqua sowohl im Mittelstand als auch in Konzernstrukturen. Unter anderem war er bei Unternehmen in der Automobilzuliefer- und Halbleiterindustrie, dem Maschinen- und Anlagenbau sowie der Halbleiterindustrie und der Bahnzulieferbranche tätig. Zu seinen Kernkompetenzen zählen der Aufbau individueller Produktivitätsprogramme in Produktion und Administration, die Implementierung stimmiger Produktionssysteme sowie Einführung durchgängiger Lean Administration-Konzepte. Darüber hinaus leitete Ingo Laqua zahlreiche branchenübergreifende Arbeitskreise zu den Schwerpunktthemen des Lean Management.

Sein Motto: Wer nicht anfängt wird nicht fertig! Lean Administration ist kein Konzept, das man heute anfängt und in sechs Wochen implementiert. Es ist eine ganzheitliche Änderung der Unternehmensphilosophie, die Zeit benötigt, deren Aufwand sich aber definitiv lohnt.

Die wichtigsten Begriffe auf einen Blick

ABC-Analyse

Mit Hilfe der ABC- oder Pareto-Analyse wird bewertet, wie viel Umsatz bzw. welcher Deckungsbeitrag mit wie vielen und welchen Artikeln erzielt wird. Die Analyse wird in der Praxis auch auf Kunden angewandt.

Aggregierter Projektplan

Der aggregierte Projektplan fasst über alle Projekte die Kapazitäten der einzelnen Projektphase zusammen und ist ein Werkzeug für die Projektplanung. Mit dem aggregierten Projektplan werden Kapazitäten und Prioritäten gesteuert.

Agile Programmierung

Die agile Programmierung beschreibt einen Ansatz für schlanke Abläufe in der Softwareentwicklung.

Concept-to-Launch

bezeichnet den Produktentstehungsprozess ⇨PEP

Demand-to-Order

bezeichnet den Angebotserstellungsprozess

FIFO

Das Akronym steht für first in, first out. Das FIFO-Prinzip beschreibt, dass zuerst die Produkte weiterbearbeitet werden, die im Vorprozess fertiggestellt wurden.

First Pass Yield

Der First Pass Yield ist eine Kennzahl, mit der in der Administration Fehler gemessen und durch einen standardisierten Prozess reduziert werden können.

Flussfaktor

Bei dem Flussfaktor handelt es sich um eine Kennzahl, die das Verhältnis der Summe aller Bearbeitungszeiten über einen Prozess zu dessen Gesamtdurchlaufzeit bildet.

FMEA-Analyse

Die FMEA (Failure Mode and Effects Analysis, deutsch: Fehlermöglichkeits- und -einflussanalyse) ist eine formalisierte analytische Methode, um potenzielle Fehler in der Produktentstehung und in der Produktion systematisch und vollständig zu erfassen.

Gemba

Jap. für ‚Ort der Wertschöpfung'

Kaizen

Jap. für kontinuierliche Verbesserung

Kanban

Methode zur bedarfsorientierten Produkt- und Prozessablaufsteuerung, bei der der Bedarfsauslöser ein vordefinierter Meldebestand ist

Key Performance Indicators (KPI)

Key Performance Indicators sind Kennzahlen, die einen Prozess hinsichtlich seiner Effizienz bewerten

Lieferserviceklassen

Lieferserviceklassen teilen Produkte nach vordefinierten Wiederbeschaffungszeiten ein. Somit werden aufwändige Prozeduren zur Lieferterminermittlung vermieden.

Mean-time-to-repair

Mean-time-to-repair ist eine Kennzahl, mit der gemessen wird, wie lange eine Maschinenreparatur nach einer Störung dauert, bis wieder produziert werden kann.

Monitoring Dashboard

Ein Monitoring Dashboard ist eine sinnvoller Weise in einem IT-System dargestellte Übersicht von Kennzahlen. Die hierfür notwendigen Daten können aus unterschiedlichen Systemen kommen und werden auf einer Plattform (Dashboard oder Aushangtafel) übersichtlich dargestellt, so dass deren Entwicklung über die Zeit nachvollziehbar wird.

Muda / 7 (8) Verschwendungsarten

Jap. für Verschwendung. Neben den in der Literatur aufgeführten sieben Verschwendungsarten (Überproduktion, Bestände, Bewegung, Transport, Wartezeiten, Verschwendung im Herstellungsprozess, Fehler) zählt hierzu das nicht dokumentierte Wissen der Mitarbeiter.

Mussfelder

Mussfelder beschreiben in der IT Datenfelder, die beim Anlegen eines Stammdatums ausgefüllt werden müssen. Systemseitig wird sichergestellt, dass der Anwender nicht die Möglichkeit hat, das Feld zu überspringen. Hierdurch wird vermieden, dass nicht alle benötigten Informationen vorliegen.

OEE

OEE steht für Overall Equipment Efficiency. Mit Hilfe dieser Kennzahl wird die Effektivität einer Anlage bewertet: „Anlagenverfügbarkeit x Anlagennutzungsgrad x Qualitätsrate". Aus dem OEE leiten sich organisatorische und technologische Maßnahmen zur Erhöhung der Effektivität ab. Hierzu gehört beispielsweise der gezielte Einsatz von ⇨ SMED-Workshops.

One Piece Flow

Der One Piece Flow ist eine Form des Materialhandlings, bei der ein Produkt sofort nach seiner Bearbeitung an den nachfolgenden Arbeitsplatz weitergeleitet wird. Ziel ist es, durch Vermeidung einer Stapelbearbeitung weniger Bestände und kürzere Durchlaufzeiten sicherzustellen.

One Point Lessons

Die One Point Lessons, zu Deutsch ‚Durchblicker', gehören zu einer effizienten Art der Informationsbereitstellung. One Point Lessons sind visualisierte Darstellungen eines kurzen Ablaufs oder eines Zielzustands, die direkt am Ort des Geschehens angebracht werden.

Order-to-Cash

bezeichnet den Auftragsabwicklungsprozess vom Eingang des Auftrags durch den Kunden bis zum Zahlungseingang

PDCA-Zyklus

Methode, mit der ein kontinuierlicher Verbesserungsprozess systematisiert wird. Das Kürzel steht für Plan, Do, Check, Act (Planen, Tun, Checken und Aktion.). Es handelt sich um eine standardisierte Vorgehensweise, mit der systematisch Probleme gelöst werden können.

Pitchboard

Pitchboards sind eine Art Plantafel für die Kapazitäts- und Reihenfolgesteuerung. Pitchboards haben sich im Lean Production-Umfeld bewährt, da hierdurch der Arbeitsvorrat transparent visualisiert und ⇨FIFO sichergestellt wird.

Produktentstehungsprozess (PEP)

Zentraler Entwicklungsprozess, der die Produktentstehung von der Konzeptidee über die Prozessplanung bis zur Erstellung der notwendigen Arbeitsunterlagen (Arbeitsplan, NC-Programm) beschreibt.

Poka Yoke

Methode zur Fehlervermeidung, die Probleme erst gar nicht entstehen lässt und in der Regel einfach und wirksam ist.

Prozesslandkarte

Die Prozesslandkarte beschreibt die Kern- und Stützprozesse eines Unternehmens.

Purchase-to-Pay

bezeichnet den Einkaufs- und Beschaffungsprozess

Qualifikationsmatrix

Die Qualifikationsmatrix beschreibt, welcher Mitarbeiter welche Qualifikationen besitzt. Sie ist die Grundlage für die Weiterentwicklung der Mitarbeiter und in der Lean Administration ein wichtiges Instrument zur Erhöhung der Flexibilität.

RACI-Verantwortlichkeits-Matrix

Das Akronym RACI steht für responsible, accountable, consulted, informed. Mit Hilfe dieser Matrix wird für einen Prozess definiert, wer für die Durchführung verantwortlich zeichnet, das Ergebnis verantwortet, beratend tätig ist und informiert werden sollte.

Scientific Management

Scientific Management (zu Deutsch: Wissenschaftliche Betriebsführung) ist ein von Frederick Taylor entwickeltes Managementkonzept zur Erhöhung der Produktionseffizienz, das u.a. die Trennung von Arbeit und Arbeitsplanung, Zeitstudien und ein differenziertes Lohnsystem als Erfolgsfaktoren für die industrielle Produktion sieht. Taylor´s Ziel war es, hierdurch den Wohlstand für Arbeiter und Management zu mehren. Durch eine bis heute vorherrschende Fehlinterpretation dieses Ansatzes (Unterteilung in immer kleinere Arbeitsschritte) ist das Scientific Management jedoch immer mehr in die Kritik geraten.

SMED

Das Akronym steht für Single Minute Exchange of Die und bezeichnet eine Methode, mit der Rüstaufwände an Produktionsanlagen systematisch reduziert werden.

Stage-Gate®-Prozess

Der Stage-Gate®-Prozess beschreibt einen definierten Standard im Produktentstehungsprozess, der den Prozess in unterschiedliche Phasen (Gates) unterteilt und definiert, welche Ergebnisse in welcher Projektphase zu erbringen sind.

Standard-Arbeitsplan

Ein Standard-Arbeitsplan beschreibt einen standardisierten Prozess für die Produkterstellung, dem dieselben Arbeitsfolgen zugrunde liegen. Ein Standard-Arbeitsplan kann somit für unterschiedliche Artikel eingesetzt werden, die jedoch in der gleichen, technologischen Bearbeitungsfolge bearbeitet werden.

Tätigkeitsstrukturanalyse

Mit Hilfe der Tätigkeitsstrukturanalyse (TSA) erfolgt die Bewertung der Prozesseffizienz. Der Aufwand für eine Tätigkeit wird je Prozess unabhängig von der Abteilung ermittelt. Hierdurch wird es möglich, den realen Aufwand, den ein Prozess verursacht, über alle Unternehmensbereiche zu ermitteln.

Target Costing

Das Target Costing (Zielkostenrechnung) folgt dem Prinzip der retrograden Kalkulation, bei der der maximale erreichbare Marktpreis eines herzustellenden Artikels als Ziel vorgegeben wird. Nach Abzug der zu erzielenden Marge werden so die Kosten, die ein Produkt erzeugen darf, vorgegeben.

Teileverwendungsgrad

Der Teileverwendungsgrad beantwortet die Frage, wie oft ein Teil bzw. eine Baugruppe in unterschiedlichen Endprodukten verwendet wird. Ein hoher Teileverwendungsgrad ist deshalb bezeichnend für eine effiziente Produktstruktur, bei der aus wenigen Einzelteilen viele Enderzeugnisse hergestellt werden.

TPM-System

TPM steht für Total Productive Maintenance und bezeichnet ein mehrstufiges Konzept zur Wartung und Instandhaltung von Produktionsanlagen.

Value Stream Design

Das Value Stream Design (Wertstromdesign) ist eine Methode, mit der die Produktion am Wertstrom ausgerichtet wird. Das Value Stream Design bildet in einer standardisierten Form alle wertschöpfenden und nichtwertschöpfenden Aktivitäten im Unternehmen ab, die notwendig sind, um ein Produkt vom Rohmaterial bis in die Hände des Kunden zu bringen.

Waste Walk

Idee ist, Mitarbeitern anhand pragmatischer Beispiele für die wesentlichen Verschwendungsfaktoren der Administration zu sensibilisieren. Dies erfolgt in Form eines ‚Rundgangs durch die administrativen Bereiche' (walk), bei dem sie Verschwendung (waste) selbst aufspüren oder auf diese hingewiesen werden.

Ziel-/Methodenmatrix

Die Ziel-/Methodenmatrix ist ein Instrument zum Aufbau eines Produktionssystems, das sich auf die Lean Administration übertragen lässt. Hierbei werden die Wertbeiträge der eingesetzten Ressourcen über die zu erreichenden Ziele aufgetragen und die Kennzahlen zur Messung der Zielerreichung definiert.

Literaturverzeichnis

ABRAHAM, KIRYO: Lean Administration – Leitfaden zur Umsetzung einer schlanken Verwaltung. Grin Verlag 2009.

ALDERFER, C. P.: Existence, Relatedness, and Growth; Human Needs in Organizational Settings. New York: Free Press 1972.

ARNOLD, BERNHARD: Strategische Lieferantenintegration: Ein Modell zur Entscheidungsunterstützung für die Automobilindustrie und den Maschinenbau. Wiesbaden: Gabler 2004.

BECHMANN, RALF; KARACA, GÜRAY: Lean Procurement: Globale Herausforderungen effizient bewältigen. Muda im Einkauf vermeiden. Erschienen in: Beschaffung aktuell, 08/2009, S. 1-2.

BECK, KENT: Embracing Change with Extreme Programming. Computer 32 (10) 1999: S. 70–77.

BELL, STEVEN C.; ORZEN, MICHAEL A.: Lean IT: Enabling and Sustaining Your Lean Transformation. New York: Productivity Press 2010.

BILLING, BORIS: Wegen guter Führung entlassen? – was ist wirksames Management? Vortrag im Rahmen eines Seminars der CIM Aachen GmbH in Kooperation mit dem Malik Management Zentrum St. Gallen 2007.

BRAND, HEINER; LÖHR, JÖRG: Projekt Gold. Wege zur Höchstleistung. Spitzensport als Erfolgsmodell. Wiesbaden: Gabal-Verlag 2008.

CLARK, KIM B.; FUJIMOTO, TAKAHIRO: Product Development Performance. Boston: Harvard Business School Press 1991.

COOPER, ROBERT: Winning at New Product: Creating Value Through Innovation. New York: Basic Books 2011.

DGQ DEUTSCHE GESELLSCHAFT FÜR QUALITÄT E. V: FMEA - Fehlermöglichkeits- und Einflussanalyse: DGQ-Band 13-11. Berlin: Beuth Verlag 2008.

DRUCKER, PETER F.: Die ideale Führungskraft. Die Hohe Schule des Managers. Düsseldorf: Econ 1967.

DRUCKER, PETER: Die Praxis des Managements: Ein Leitfaden für die Führungs-Aufgaben in der modernen Wirtschaft. 6. Auflage. München: Droemer/Knaur 1998. (Original: The Practice of Management, New York 1954).

DRUCKER, PETER F.; PASCHEK, PETER: Kardinaltugenden effektiver Führung. Frankfurt/M: Redline Wirtschaft 2004.

ERICSON, CLIF: Fault Tree Analysis – A History. Konferenzbeitrag: Seattle: International System Safety Conference 1999.

GLAHN, RICHARD: Effiziente Büros – Effiziente Produktion. CETPM Publishing 2010.

GORECKI, PAWEL; PAUTSCH, PETER: Lean Management. Carl Hanser Verlag 2010.

HAMMER, MICHAEL; CHAMPY, JAMES: Business Reengineering. Die Radikalkur für das Unternehmen. Frankfurt: Campus 1998.

HARRY, MIKEL; SCHROEDER, RICHARD: Six Sigma: Prozesse optimieren, Null-Fehler-Qualität schaffen, Rendite radikal steigern. Frankfurt New York: Campus Verlag 2000.

HENNING, MEXIS: Handbuch Schwachstellenanalyse und -beseitigung. Köln: TÜV Rheinland 1994.

HERZBERG, FREDERICK: One More Time: How Do You Motivate Employees? (Harvard Business Review Classics) New York: Mcgraw-Hill Professional 2008.

IMAI, MASAAKI: Kaizen. Der Schlüssel zum Erfolg der Japaner im Wettbewerb. 7. Auflage. Berlin: Ullstein 1996.

KOTTER, JOHN P.; RATHGEBER, HOLGER: Das Pinguin-Prinzip: Wie Veränderung zum Erfolg führt. München: Droemer 2009.

LAQUA, INGO: Dashboarding: Relevante Informationen aufbereiten. Früher wissen, was läuft. Erschienen in: Industrie Anzeiger, Oktober 2008, S. 58.

LAQUA, INGO: Produktionscontrolling – das Tool zur Bewertung des Produktionssystems. Richtig wählen heißt wirksam agieren. Erschienen in: Werkstatt & Betrieb, 04/2007, S. 86-89.

LAQUA, INGO: Produktionscontrolling. Modul des modernen Produktionssystems. Erschienen in: VDI-Z, Mai 2004, S. 70.

LEIKEP, SABINE; Bieber, Klaus: Der Weg – Effizienz im Büro mit Kaizen-Methoden. Books on Demand: 2006.

MAGRETTA, JOAN: Why Business Models Matter. Erschienen in Harvard Business Review. Boston: Harvard Business Publishing 2002, S. 1-8.

MALIK, FREDMUND: Führen – Leisten – Leben. Wirksames Management für eine neue Zeit. Frankfurt/M: Campus Verlag 2001.

MARCZINSKI, GÖTZ; MÜLLER, MATTHIAS: Der Umgang mit dem Problem der Unteilbarkeit. Erschienen in: Maschinenmarkt Nr. 4, 01/2004, S. 30-31.

MARCZINSKI, GÖTZ: Informationswirtschaft – Viele kleine Verschwendungen führen zur Ineffizienz. Erschienen in CIM Aktuell 04/1995, S. 3.

MASLOW, ABRAHAM H.: Toward a Psychology of Being. Princeton, N.J.: D. Van Nostrand Co 1962.

MCCLELLAND, DAVID: Human Motivation. Cambridge: Cambridge University Press. Reprint 1988.

MCGREGOR, DOUGLAS: The Human Side of Enterprise: Annotated Edition. New York: Mcgraw-Hill Professional 2005.

MEINERT, SABINE: Studie: Jedes dritte Meeting ist überflüssig. Financial Times Deutschland, Hamburg: G+J Wirtschaftsmedien GmbH & Co. KG, 13.11.2009.

MÜLLER, ARNO; SCHRÖDER, HINRICH; VON THIENEN, LARS: Lean IT-Management: Was die IT aus Produktionssystemen lernen kann. Wiesbaden: Gabler Verlag 2011.

N.N.: Weniger statt mehr – Social Media senkt die Produktivität von Unternehmen. www. freelancerjobs24.de, Eintrag vom 07.06.2011.

N.N.: 180 Manager befragt: Zeitverschwendung durch unnötige E-Mails. Handelsblatt, Düsseldorf: Verlagsgruppe Handelsblatt 28.06.2007.

N.N.: Studie: Millionenschaden durch mangelhafte Informationssysteme in Unternehmen. Eschborn: Information Builders, www.informationbuilders.de, Eintrag vom 12.07.2007.

ODIORNE, GEORGE S.: Management mit Zielvorgaben: Management by Objectives. München: Verlag Moderne Industrie 1971.

OHNO, TAIICHI: Das Toyota Produktionssystem. Frankfurt: Campus 2005.

PEHL, THOMAS: Launch Management – Brückenschlag zur Serienreife. Erschienen in: CIM Aktuell, 05/2002 S. 4.

PLATE, PETRA; BOSSE, FRIEDERIKE. Gesellschaft und Kultur, in: Information zur politischen Bildung – Japan . Bonn: Bundeszentrale für politische Bildung (Heft 255), 1997.

PYZDEK, THOMAS; KELLER, PAUL: The Six Sigma Handbook. New York: McGraw-Hill Professional 2009.

REISS, STEVEN; REISS, MATTHIAS: Das Reiss Profile: Die 16 Lebensmotive. Welche Werte und Bedürfnisse unserem Verhalten zugrunde liegen. Wiesbaden: Gabal-Verlag 2009.

RÖHR, WOLFGANG: Kanban bei der Waggonfabrik Talbot – Das richtige Vorgehen ist entscheidend. Erschienen in CIM Aktuell 04/1995, S. 6-7.

ROTHER, MIKE; SHOOK; John: Learning to See: Value Stream Mapping to Add Value and Eliminate MUDA. Cambridge: Lean Enterprise Institute 1999.

SCHAWEL, CHRISTIAN; BILLING, FABIAN: Top 100 Management Tools. Das wichtigste Buch eines Managers. Wiesbaden: Gabler 2009.

SCHUH, GÜNTHER: Mit Lean Innovation zu mehr Erfolg. In: Schuh, G. Wiegand, B. (Hrsg.): 2. Lean Management Summit — Aachener Management Tage, WZL, Aachen, 2005

SPRINGER, ROLAND: Survival of the Fittest: So verbessern Spitzenunternehmen mit Lean Management gleichzeitig ihre Prozesse und ihre Führungskultur. FinanzBuch Verlag 2009.

TAYLOR, FREDERICK W.: The Principles of Scientific Management. New York and London: Harper & Brothers 1911.

VDMA, VDMA-Kennzahlen Rechnungswesen, Frankfurt: VDMA-Verlag, 2009.

VIRTUAL, TUPTUS: Change Management: Schwierigkeiten und Lösungswege zur Übertragung von Lean-Methoden und -Werkzeugen von der Produktion in den Verwaltungsbereich. Grin Verlag 2009.

WELCH, JACK: Was zählt. Die Autobiographie des besten Managers der Welt. Berlin: Ullstein Taschenbuch 2003.

WIEGAND, BODO; NUTZ, KATJA: Lean Administration II: Die Optimierung. So managen Sie Geschäftsprozesse richtig. Lean Management Institut: 2007.

WINCEL, JEFFREY P.: Lean supply chain management: a handbook for strategic procurement. New York: Productivity Press 2003.

WITTENSTEIN, ANNA K.; WESOLY, MICHAEL; Schneider, Ralph; Möller, Georg: Lean Office 2006. Studie. IRB Verlag: Stuttgart 2006.

WITTENSTEIN, ANNA K; OPITZ, MICHAEL UND SCHÖLLHAMMER, OLIVEr: Wertstromdesign – Schlanke Prozesse in der Administration: Ein Leitfaden vom Ist- zum Soll-Prozess im administrativen Bereich. Fraunhofer IRB Verlag 2006.

WITTENSTEIN, MANFRED: Geschäftsmodell Deutschland – Warum die Globalisierung gut für uns ist. Hamburg: Murmann Verlag, 2010.

WOMACK, JAMES P.; JONES, DANIEL T.; BÜHLER, MARIA; MEYER, HANS-PETER: Lean Thinking: Ballast abwerfen, Unternehmensgewinn steigern. Campus Verlag 2004.

WOMACK, JAMES P.; JONES, DANIEL T.; ROOS, DANIEL: Die zweite Revolution in der Autoindustrie. München: Heyne 1997.

WÖRDENWEBER, BURKARD; WICKORD, WIRO; EGGERT, MARCO; GRÖSSER, ANDRÉ: Technologie- und Innovationsmanagement im Unternehmen: Lean Innovation. Berlin, Heidelberg: Springer-Verlag 2008.

Stichwortverzeichnis